ウェルビーイングで変わる！食と健康のマーケティング

株式会社インテグレート
代表取締役CEO
藤田 康人 編著

日本経済新聞出版

まえがき

２０１５年にスタートした機能性表示食品制度により、今、特定の健康効果をうたう健康食品が市場には溢れています。しかし、その中でもヒット商品と呼べるものは限られ、市場は当初の期待通りには広がっていません。そんな中、注目を集めているのが、「ウェルビーイング（Well-being）」という潮流です。

意味合いとしては、「健康の先にある、これからの時代・社会における新しい幸せの形」として用いられることが多いように見受けられます。

私は、新卒で入社した味の素という会社で食と健康というテーマに携わり、ビジネスキャリアをスタートしました。当時、ダイエットコークなどのゼロカロリー飲料に広く使われていたアスパルテームという低カロリー甘味料を原材料とした、飲料やヨーグルトなどの低カロリーコンセプト製品を日本のさまざまな食品メーカーと共同開発する担当をしていました。

その後、虫歯予防効果のある甘味料であるキシリトールを、日本を含むアジア市場に導入するためにフィンランドの食品原料メーカーに移り、アジアのマーケティング責任者として15年間、多くの企業とヘルスケアコンセプトの製品開発に携わりました。

２００７年に、それらの経験から得た知見とネットワークを提供するコンサルティング会社、インテグレートを設立。長らく人々の健康に関わる多くのプロジェクトに携わってきましたが、健康維持という意味では、それらを「ヘルスケア」、あるいは「ウェルネス」という概念としてとらえてきました。

ヘルスケアとは主に体の健康を保つというアプローチ。

一方、ウェルネスとは精神的健康を含めたやや広い健康ケアのアプローチ。

自分なりにそう理解していました。

しかしある時期から、生活者にとって健康になることは〝ゴール〟ではなく〝幸せになるための必要条件〟と位置付けるべきであり、「ヘルスケア」「ウェルネス」の先にある「ウェルビーイング」という概念こそが食と健康を考えるうえで必要不可欠であると考えるようになりました。

本書では、変化してきた幸せの形から今求められるウェルビーイングとは何か、時代の変遷をとらえながら、現代に必要なヘルスケアビジネスについて考えていきます。

この書籍を通して、今後求められるヘルスケアフードのあり方を考えるきっかけになれば幸いです。

Contents

まえがき　1

Chapter 1

幸せの基盤が変わり始めた！今、求められる「幸せの形」

ウェルビーイングで、これまでのビジネスが180度変わる！

現代に求められる幸福の要素

〝ただ食べる〟時代は終わった　食のウェルビーイングとは？

Special Talk

求められるウェルビーイング産業への変革と意識改革！

Chapter 2

機能性やエビデンスだけでは売れない時代に、何が必要か？

Chapter 3

ウェルビーイング時代の未病ケアアプローチ

【コンセプト1】ホメオスタシス

【コンセプト2】細胞老化

Chapter

4

最新研究と具体的な取り組み

Chapter

1

幸せの基盤が変わり始めた！
今、求められる「幸せの形」

マーケットは「ウェルビーイング」をもとに再編される

世界を前例のない混乱に陥れた新型コロナウイルスのパンデミック。約3年が経過し、皆さんの想いやライフスタイルは、どのように変化したでしょうか？

ヘルスケアビジネスに目を向けると、２０２３年現在、マーケットは転換期を迎えています。ここ数年の生活者の意識変化や新型コロナウイルスの流行で人々の価値観は大きく変化しました。

一方で、この変革の時代において浸透してきた新しい幸せの形を、「ウェルビーイング」という言葉で表現されることが多くなってきました。ウェルビーイングは、かつて幸せの基盤といわれた〝健康〟を超える新しい価値観として、注目され始めています。

これまでは、幸せといえば、主に心身の健康がその中心にあると考えられてきました。しかし新型コロナウイルスの流行により、健康の意味や意義を再確認した方も多いでしょう。改めて生きる意味や働き方と向き合うようになった方もいるかもしれません。

また、人との交流が制限されたことで、家族や仲間と過ごす時間の尊さを実感した方もいるでしょう。コロナ禍での生活は、人々が〝自分なりの幸せ〟を再考する強いきっかけとなりました。

そして、昨今のＳＤＧｓ（持続可能な開発目標）やダイバーシティ（多様性）の系譜から、人々はより本質的な幸せを模索し始めているともいえます。

そのようななか、注目される「ウェルビーイング」という概念は、いったいどのようなものでしょうか。

そして、ウェルビーイングをもとに繰り広げられるビジネスは、どのように拡大していくのでしょうか。

心身の健康が目的だった時代から、心身と社会的健全性を目指す時代へ。

本書では、私が代表を務めるインテグレートがこれまで集積してきたウェルビーイング時代の食と健康の知見と、新時代のマーケットを開拓するためのアプローチを解説していきます。この1冊を読み終えたとき、多くのビジネスがウェルビーイング的世界観をもとに再編されていくことを、皆さんも実感できるはずです。

効果はドングリの背比べ。健康食品の現実

本書を手に取った皆さんは、食品関連のビジネスに関わっている方が多いのではないでしょうか。健康効果や機能性をもつ食品の開発に従事している方も少なくないかもしれま

せん。私自身も、長らく健康食品領域のマーケティングに従事してきました。現在の市場はどのような変化の中にあるのでしょうか。まずは、現在のマーケットの様子を見ていきましょう。

今の健康食品市場は、似たような健康効果をうたう商品で溢れ、機能による差異化が難しい状態であると感じます。機能性をもつ食品は、ライバルにあたる商品と比べ多少健康効果が高いという程度のエビデンスでは、勝ち抜けません。もちろん圧倒的なエビデンスや画期的なソリューションがあれば別ですが、医薬品とは異なる領域でそれらを目指すことは、技術的な限界もあるように思います。

しかし現状の健康食品は、機能第一主義のマーケティングを施されたものが多くを占めます。メーカーとしては効果や効能で勝負したい想いもよく理解できるのですが、それだけで競合製品から一歩抜き出るのは簡単ではありません。

市場の覇者となるためには、生活者ニーズの見直しや深掘りによる独自性の高いコンセプト開発や、ブランディングの切り口を変えていくなど、何らかの対策が必要です。ウェルビーイングへ変化していく市場を前に、私たちはいかに自社商品を優位性、独自性のあるものにしていくべきなのでしょうか。

コロナ禍による行動様式の変化と人生100年時代の到来

わが国の経済状況は、安定とは真逆の一途をたどっています。終身雇用制度は崩壊し、平均給与はバブル崩壊からの30年ほぼ横ばいで、国民生活は厳しさを増す一方です。そのうえ、人生100年時代に突入し、必然的に就労期間を延長せざるを得なくなりました。

そんななか、人々は、

「少なくとも健康でなければ、幸せには生きられない」

と強く意識するようになってきたのだと思います。

さらに2020年から始まった新型コロナウイルスの大流行は、人々の健康に対する意識を根底から変えました。免疫力の重要性を再認識させ、人々の行動様式も著しく変化しました。リモートワークなどにより、人とのつながり方が一変し、心の疲れを感じている人々が続出しています。

このような状況の中、人々の仕事や生活に対するスタンスにも変化が見え始めました。以前は、ストレスは当然たまるもので、それをいかに発散するかが課題でしたが、現在は、そもそもストレスをためないで働く・生活するというありようが主流となりつつあります。いつのまにか人々の意識は、

「いかに自分らしい幸せな生き方・暮らし方を実現するか」
という方向にシフトしていったのです。

人々は「ウェルビーイング」を求めている

私自身が長年、心身の健康に関するさまざまなプロジェクトに携わってきた経験を通じて今感じるのは、人々が求める「健康」の価値観が大きく変化しているということです。背景には、新型コロナウイルスなどの影響だけでなく、グローバル化と社会の成熟、人々の価値観や生き方が多様化しつつあることや、社会環境の複雑化などもあるでしょう。

これまでの社会は、ＧＤＰの成長にウエートを置き、経済合理性がないものには価値が置かれませんでした。その結果、経済格差が広がり、現在も食糧問題や気候変動問題に解決のめどが立っていません。

また２０２１年に行われた世界経済フォーラム（ＷＥＦ）年次総会（ダボス会議）では、社会の再構築を目指す「グレート・リセット」がテーマに挙げられました。

ＷＥＦの創設者であるクラウス・シュワブ会長は、第二次世界大戦後から続く経済システムは持続性や環境維持に問題をはらむとし、人々の幸福を中心にした経済体制の実現に期待を寄せています。

事実、さまざまな研究においても、経済成長が必ずしも人々の幸福とつながらないという傾向も実証されているのです。このような経緯から人々は新しい幸せのあり方（ウェルビーイング）を求めるようになりました。

そしてこのウェルビーイングは、今後のビジネスを考えるうえでの重要なカギともなるのです。

ウェルビーイングで、これまでのビジネスが180度変わる！

健康食品市場に広がる「期待値ギャップ」

ウェルビーイング市場の中で注目度の高い健康食品ですが、従来の商品設計のアプローチでは、今後は市場を勝ち抜くのは難しいかもしれません。

近年、「特定保健用食品（通称：トクホ）」と「機能性表示食品」が市場に数多く投入されてきました。しかし私は、特定の健康効果をうたう商品コンセプトは、すでに生活者のニーズに合わなくなってきていると感じています。

トクホは厚生労働省の承認が必要であり、取得のためには健康効果を客観的に評価できるエビデンスが必要です。エビデンスの獲得までに億単位の投資が必要な場合も珍しくはありません。その後、規制緩和策として打ち出されたのが２０１５年に導入された機能性表示食品制度です。機能性表示食品は、トクホと同様、食品の健康効果を表示できますが、厚労省からの個別の承認は必要なく、上市のハードルは大きく下がりました。その結果、この制度を利用した商品は市場に溢れ返り、一時マーケットは活性化しましたが、大ヒットと呼べる商品は限られていて当初の活気は影を潜めています。それは、人々の健康意識がこれ以上ないほどに高まったコロナ禍であっても同様でした。

これにはいくつかの理由が考えられます。1つは、健康機能をうたう商品の数が急激に増え、似たような機能を表示した商品が乱立し、差異化が難しくなったことです。もう1つは、商品が実際に実現できる健康効果と生活者の期待感に大きなギャップが生まれたことです。機能性表示食品制度によって可能になった直接的な健康機能の訴求が生活者の過大な期待感を生み、実際に製品で体感できる健康機能とのギャップが不信感をもたらしてしまうケースが多く見受けられます。

例えば私たちが、ゴボウに含まれる水溶性の食物繊維に血糖値抑制効果があるという情報を知って、ゴボウを使ったメニューを夕食に一品加えたとします。しかし、このゴボウを食べてすぐに血糖値が下がらなかったとしても、クレームをつけるようなことはありません。なぜなら、ゴボウには健康効果以外にもおいしさという食材としての本来の価値があることを生活者が理解しているからです。

これが、血糖値抑制効果をうたった健康食品だったらどうでしょうか？　血糖値抑制を訴求する商品に明らかな体感効能がなければ、そこに「期待値ギャップ」が生まれ、その商品を継続的には購入しないでしょう。

医薬品ではない食品で短期的に高い効果を期待させるのは、そもそも無理があるのです。

現在の機能性表示食品の多くにはこういったオーバースペックといえるものが多く、過剰に生活者の期待をあおっているように思います。実際に最近の健康食品市場は停滞し、新たな成長のきっかけがつかめないまま数年が過ぎています。そんななか、今後は機能性表示食品ビジネスにおいても〝商品の機能によって、どんな生活者のウェルビーイングが実現するのか？〟という視点がポイントになっていくと私は考えています。

ウェルビーイング先進国米国と日本の状況

ウェルビーイングが注目を浴びる理由には、巨大なマーケットの存在もあります。ウェルビーイング市場を牽引する米国では、2018年時点で4・5兆ドル（約500兆円）規模のマーケットが築かれています。しかもこれは心身の健康に関わる領域のみを対象にした数字ですので、いかに巨大な市場が築かれているか、想像できるかと思います。また、同国のスタートアップに対する投資は、20年には総額16兆円を突破。特に瞑想アプリやメンタルウェルネス特化コミュニティアプリといったテック領域の企業が、大規模な資金調達に成功しています。

ウェルビーイング市場の拡大には、コロナ禍での健康領域における サービスの需要増加も追い風になったと考えられますが、今後ますますウェルビーイングが重要になるのは間違いありません。

例えば、睡眠と瞑想のためのアプリを提供するCａｌｍ（カーム）は、12年にサンフランシスコで創業。21年12月までに累計2億ドル以上の資金調達に成功しています。また、直近のバリュエーションは20億ドル（約２２００億円）と大きな成長を遂げています。メディテーションプログラムが支持されており、20年末の会員数は４００万人超、アプリの累計ダウンロード数は１００万件。ビジネスプランはコロナ禍の企業の間で需要が増加し、フォード・モーターやユニバーサルといった大企業のほか、中小・団体を含めると１０００社以上の契約があるといわれています。

一方、日本のウェルビーイング市場は、20年の経済産業省の市場推計によると10・３兆円。米国には追いつかないまでも、25年には12・５兆円規模に成長すると予想され、マー

図表 1-1 米国のウェルビーイング市場

ウェルビーイングの概念自体が人の生活全般に及ぶため、
明確な定義のもと市場規模を推計したものは存在しないが、
その中核（人の心・身体の健康）領域で見ていくと、

2018年時点で、4.5兆ドル（約500兆円）の市場規模がある

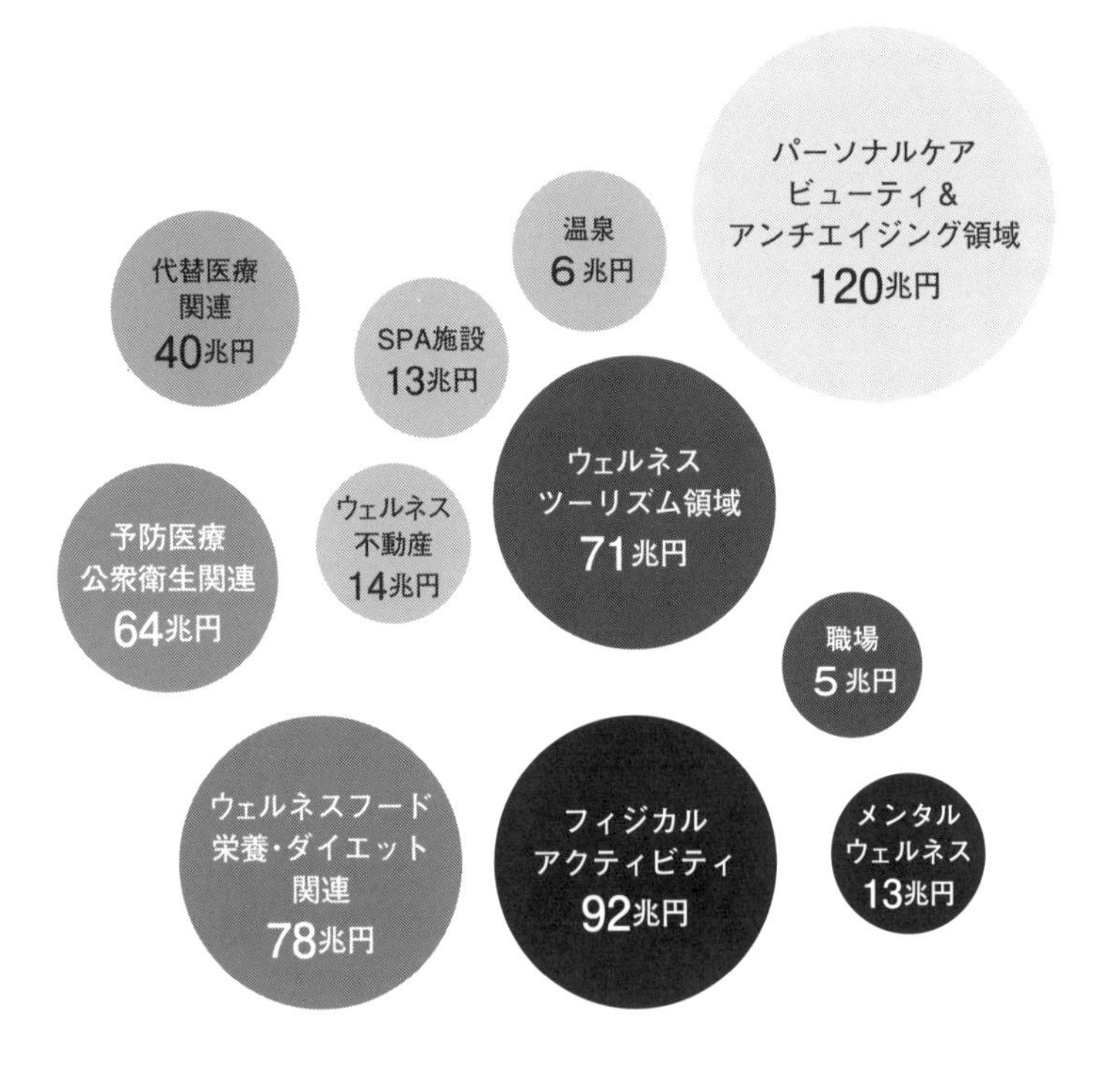

出典：Global Wellness Institute 公表資料

ケットの成長率は20年から25年の間で21％以上とまずまずです。国内で注目が集まっている領域は、健康食品やサプリメントが最も大きく、その次にウェルネスツーリズム、フィジカルアクティビティと続きます。健康食品領域以外では、マインドフルネスを目的としたアクティビティの中でもソロキャンプやサウナが一大トレンドとして注目されました。ストレスから距離を置き、自分自身のリズムや時間を取り戻すアクティビティは、感度の高い若者を中心にすでにライフスタイルに取り入れられています。

Column

現代版幸福論──改めて「ウェルビーイング」とは何か？

ウェルビーイング時代に拡張される「健康」の概念

ここで改めて、ウェルビーイングという言葉を整理してみましょう。

ウェルビーイングについて初めて言及されたのは、１９４６年。ＷＨＯ（世界保健機関）の設立時に考案された憲章が土台になりました。

「健康とは、病気でないとか、弱っていないということではなく、肉体的にも、精神的にも、そして社会的にも、すべてが満たされた状態にあることをいいます」（日本

WHO協会訳）

　この言葉は、身体的な健康状態のみに言及しているわけではありません。あらゆる人々が、その人なりの身体的健康や生活環境を維持し、さらに、精神面と社会面での充足を得ている状態を理想としています。

　また、ウェルビーイングにおいて重要なのが「多様性の受容」です。幸せのあり方は人それぞれ異なり、画一的な幸せを提示することはできません。先天性疾患や障害のある人や、生活環境が恵まれない人の中には、ウェルビーイングの定義における健康を体現できない人もいるでしょう。では、そういった方々は、ウェルビーイングにたどり着けないのでしょうか？　私は、そうは思いません。どんな環境下においてもその人なりの健やかな生き方はあるはずですし、社会全体でそれを支えていくべきです。

　ウェルビーイングとはシンプルに、「自分らしく生きること」であると私はとらえています。

「ヘルス」から「ウェルネス」、そして「ウェルビーイング」へ

ウェルビーイングという言葉の輪郭を、少しずつとらえることができたでしょうか？　今後大きく成長するであろうウェルビーイング市場を前に、健康食品領域に関わる方にぜひとも理解していただきたいのが、人々の健康に対する意識の変遷についてです。

かつて人々は、健康（病気や怪我ではなく、身体の自由がきく状態の維持）こそ、幸せのゴールだと考えてきました。この身体的な健康の維持のために、時には無理をして運動をしたり、食事制限を行ったりすることが美徳とされてきたのも事実です。

しかし現在は、身体的健康はウェルビーイングを実現するための必要条件だと認識されるようになってきました。

身体的な健康に限らず、心の健康や自身を取り巻く社会とのバランスを取ることが求められており、それらを目指す過程で味わう自己実現を含めたすべての活動こそが、ウェルビーイング（広義の健康）といえるのです。

身体的な健康をゴールとした「ヘルス」から、身体と心の健康を目指した「ウェルネス」を経て、より自分らしく生きることを目指す「ウェルビーイング」時代へ。

図表1-2　ヘルスからウェルビーイングへ

これまで	現在	今後
Health	**Wellness**	**Well-being**
身体が健康である という“状態”	身体、心が 健康であるという “状態”	身体、心、社会的立場が 健康であるうえでの “生き方”
Physical Mental	Physical Mental Social	Physical Mental Social

今後、変化するマーケットを牽引するために、意識の変遷を考慮しながら、生活者心理をとらえていきましょう。

ウェルビーイングとビジネス

ウェルビーイングという概念は、心理学分野の学術研究がルーツですが、ここ数年で幅広い分野に浸透しつつあります。ことにビジネスにおいては、企業の存在意義や提供価値にあたる「パーパス」をはじめとした企業経営におけるアジェンダとしてとらえられており、実際にウェルビーイングをパーパスに掲げる企業も増えています。商品やサービスを通じて生活者がどのような幸せを実現できるのか、そしてどのように顧客との関係性を築いていけばよいのか。

昨今のテクノロジーの進化において叫ばれるDX（デジタルトランスフォーメーション）が、産業構造に劇的な変化を与えていますが、ウェルビーイングもまた、新しいサービスや市場創成のうえで欠かせない要素として存在感を増していくでしょう。

現代に求められる幸福の要素

「お金があれば幸せ」とは単純にいかない

今後のビジネスを推進するうえで、ウェルビーイングという概念が重要な位置付けになることは、ご理解いただけたかと思います。消費行動や思考性が変化するウェルビーイング時代に求められる幸福の要素とは、何でしょうか。心身の健康の重要性に目を向けつつも、資本主義社会で絶対的な地位を保ち続けたお金には、やはり価値があるのではないか。そんな疑問も湧いてくるかもしれません。お金と幸福の関係性については、私も理事を務めるウェルネス総合研究所にて分析を行っています。

まずは一般に公開されている調査データから見ていきましょう。2020年に米国の世論調査や人材コンサルティングを手がけるギャラップが1000人の米国人を対象に行った「人生の評価」と「主観的な幸福感」※の調査では、年収7万5000ドルまでは収入と幸福度に相関関係が認められましたが、それ以上の年収ではむしろ、幸福度が下がることがわかりました。

※「Gallup-Healthways 健康指数」2010年（米ギャラップ）。出典：『「幸せをお金で買う」5つの授業』（エリザベス・ダン、マイケル・ノートン著、KADOKAWA／中経出版）

また、カナダのブリティッシュコロンビア大学のエリザベス・ダン准教授（当時）と、米ハーバードビジネススクールのマイケル・ノートン教授の共同研究では、たとえ年収が2倍になったとしても、私たちの幸福度はたった9％しか上昇しないことが明らかになりました。この傾向はわが国も同様で、内閣府による19～20年の「満足度・生活の質に関する調査」※では、年収3000万～5000万円で資産の満足度が頭打ちとなり、それ以上の年収ともなると、低下していくことがわかります。

次に、「幸福と健康」の関連性についても見てみましょう。同じく内閣府が実施した「満足度・生活の質に関する調査」の一次報告書※では、生活の満足度を性別や年齢、地域などで分析した総合主観満足度において、身体的な健康状態が良いと回答した層ほどポイントは上昇し、そうでないと回答した層と比べ、4ポイントも差がつきました。総合主観満足度は、社会との交流が乏しいグループにおいてもポイントが下がる傾向があります。

※「満足度・生活の質に関する調査報告書2019」（内閣府 政策統括官）

図表 1-3 世帯年収別の家計と資産の満足度

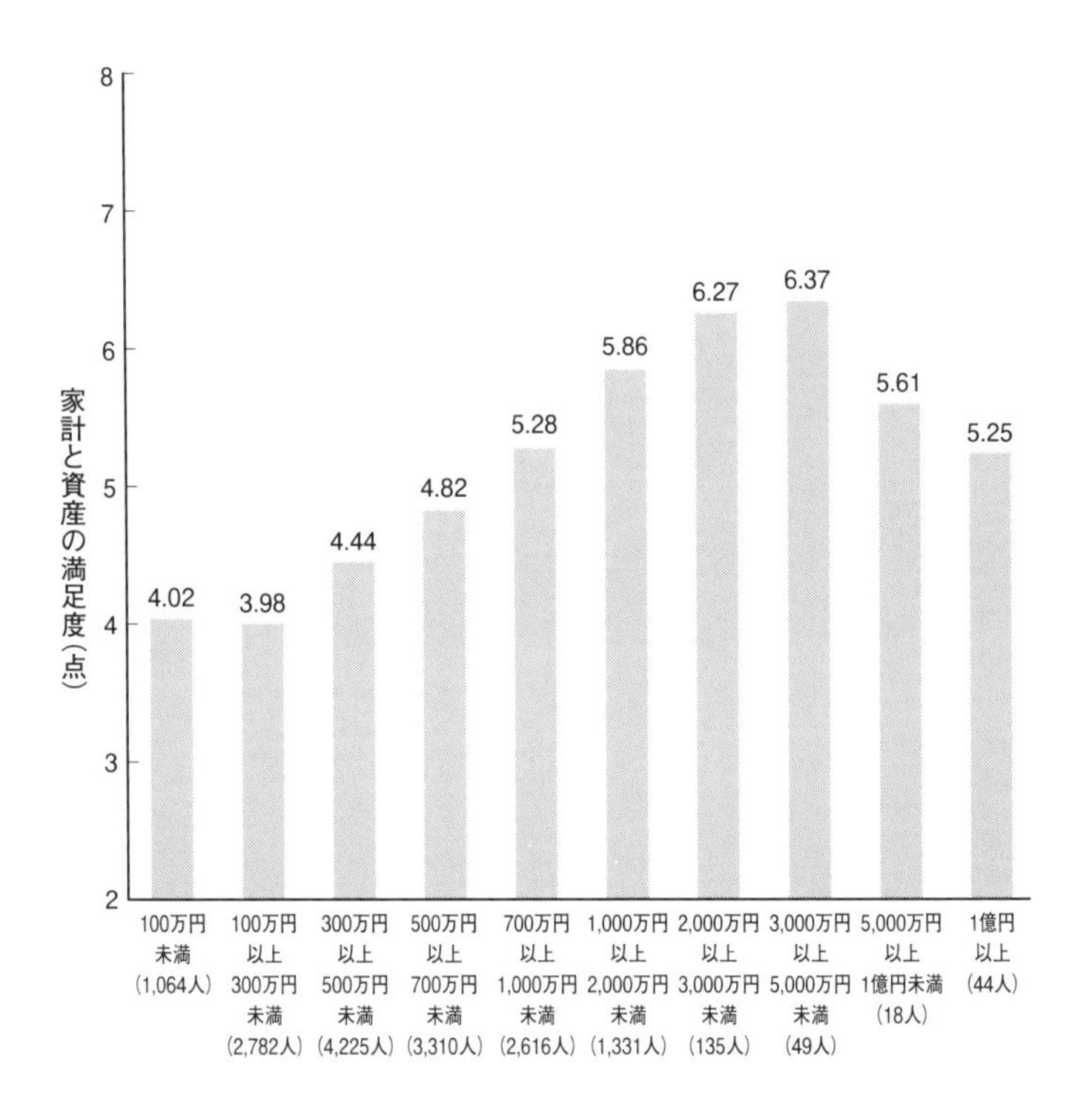

出典：内閣府「満足度・生活の質に関する調査報告書」（2019 年・2020 年）

こうした調査から、「身体的健康」と「幸福感」には大きな関係があると想像できます。さらに、ウェルネス総合研究所が発行する『ウェルネストレンド白書』では、これらの関係性により踏み込んだ分析を行っています。図表1－4は、いずれも国内在住の約4800人を対象に、ウェルネス総合研究所が調査を行ったもので、健康に配慮した生活を送っているか否かを確認した「健康生活度」と、どの程度幸せだと思っているかを確認した「幸福度」の関係性を示したものです。両者の様相は似通っており、調査からも健康と幸福度に緩やかな相関関係があると想像することができます。

身体的健康を追求すれば、必ず幸せになれるのか？

身体的健康と幸福度に関連性があるのなら、健康であればあるほど、私たちは幸せなのでしょうか。これについては、いささか疑問が残ります。健康維持のためにストイックに自身を律することができる方もいれば、そうでない方もいるはずです。好きな食べ物を制限し苦手な運動を行うなど、行動が管理される機会が多いほど不自由を感じるのは人の性（さが）ではないでしょうか。先に述べた人生100年時代というキーワードから考えても、健康であり続けることは重要ですが、そうかといって健康維持のための無理が続くと、「幸福」

図表 1-4 健康生活度と幸福度

健康生活度

直近1年間において、あなたはどのくらい「健康」に配慮した生活を送りましたか？
あなたの「健康生活度」は、100点満点のうち何点くらいだと思いますか？
(FA)

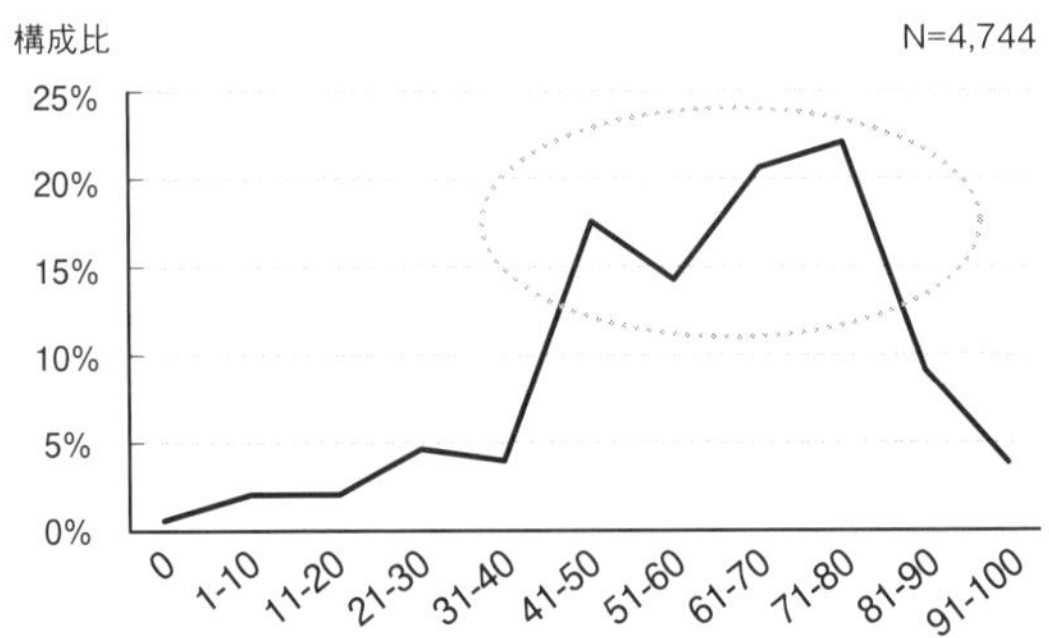

幸福度

現在、あなた自身はどの程度幸せだと思いますか？　「とても幸せ」を10点、
「とても不幸」を0点としたときに、何点くらいになると思うかお答えください。
(SA)

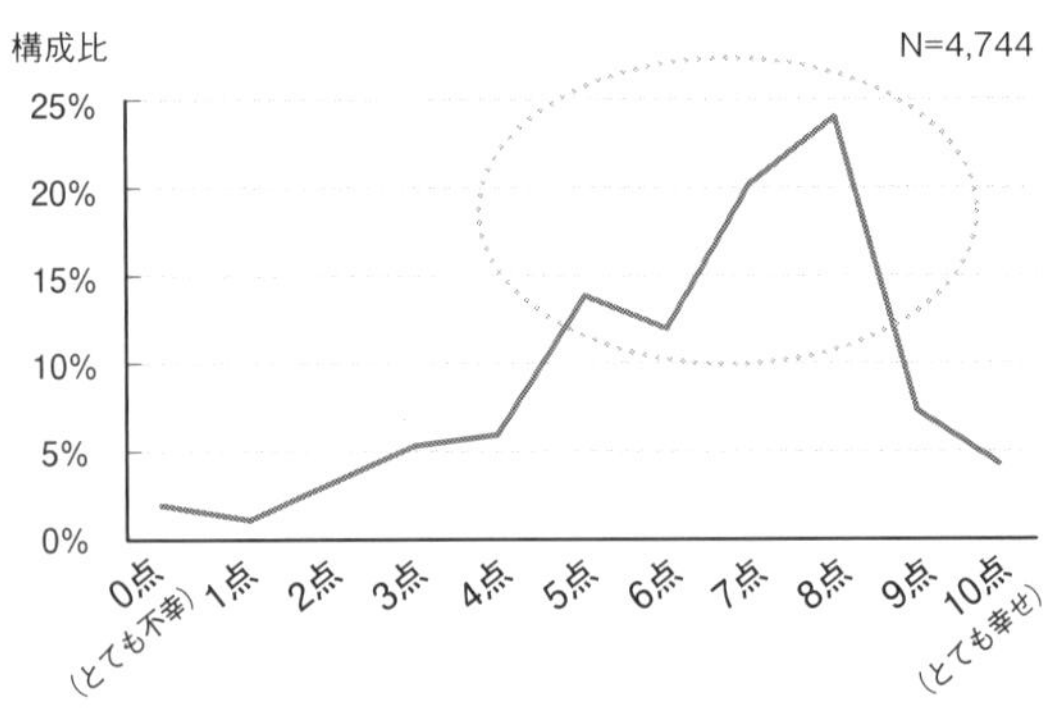

出典：ウェルネス総合研究所『ウェルネストレンド白書 Vol.1』

から遠のいてしまうこともあるはずです。

これらからわかることは、お金＝幸せではなく、そうかといって、身体的健康＝幸せとも言い切れないということです。お金や健康はゴールではなく、幸福の1つの要素でしかないのでしょう。したがって、従来使われてきた単に身体的な健康状態を示す「ヘルス」や、心身の健康を指す「ウェルネス」だけでは、明確に表現できないのです。

他者とのつながりを重視する〝日本的ウェルビーイング〟

ウェルビーイングを考える際に無視できないのが、日本人の社会性です。協調性を重視する我々日本人の特性について、進化心理学や比較文化論の観点からも眺めてみましょう。

そもそも人は、自然界では脆弱な存在です。弱々しい存在であるはずの人類が、食物連鎖の頂点に君臨し、近代文明を築くことができたのはなぜでしょうか。進化心理学では、その理由を人間の社会性と説明しています。私たちは、他者が獲得した理解を共有し合うことで命をつないできました。他者とのコミュニケーションが、言語や文化の発展を促し、今日的な人類の繁栄をもたらしたのです。

図表 1-5 幸福度の判断材料

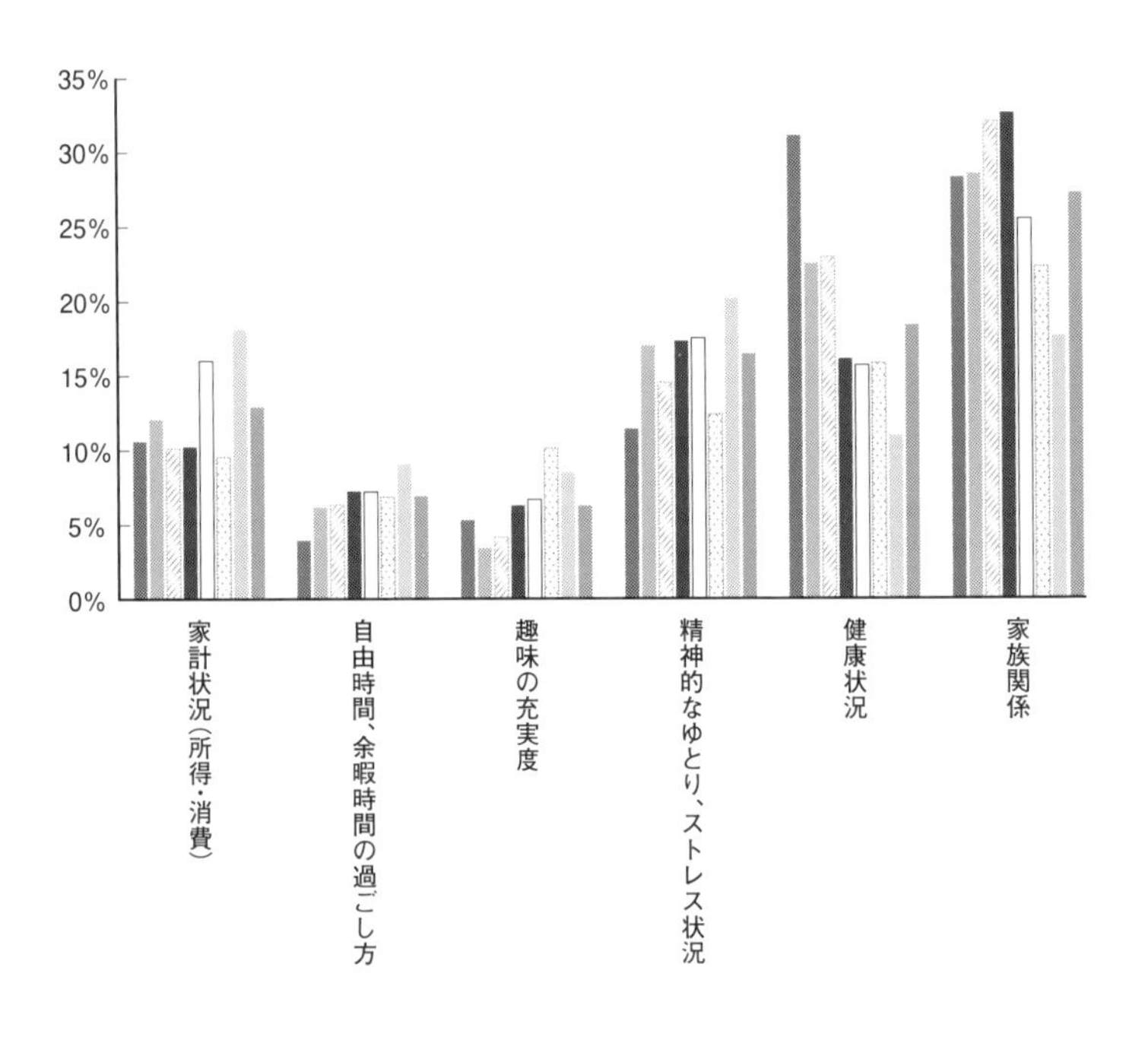

出典：ウェルネス総合研究所『ウェルネストレンド白書 Vol.1』

また、比較文化論の観点では、日本は他国と比べ、家族のつながりが強い傾向にあるといえます。ウェルネス総合研究所のデータからも明らかで、最も幸福度が高い瞬間を調査したアンケートでは、回答者の健康状態を問わず、「家族関係」と回答した方が一番多い結果になりました（図表1－5）。一方、欧米諸国の人々は、自身に誇りをもち、自己の能力を開花させることに達成感を得る傾向があるといいます。

長らく農耕から日々の糧を得てきた日本人は、他者や自身が所属するコミュニティとの関係性や結びつきが幸福感と直結していたのでしょう。現在でも、我々は、他者と協調することで安心感を得ることが多いはずです。反対に、〝出る杭は打たれる〟ということわざにもあるように、集団内で目立つ行動は自然と避ける傾向にあるのも事実です。食生活やライフスタイルが欧米化した現在も、これらの民族的な社会性は大きく変わらないと考えられます。

ウェルビーイング市場を考慮する場合は、人と人とのつながりといった精神的側面についても十分な考慮が必要でしょう。食というビジネス領域から考えても、食品はただ摂取するものではなく、その食品を通してどういう時間や関係性を生むことができるかという視点でとらえることができるはずです。

〝ただ食べる〟時代は終わった食のウェルビーイングとは？

あちらを立てれば、こちらが立たず……

家族関係に代表される〝人と人とのつながり〟の重要性を踏まえ、私たちの生活の中にある幸福のシーンを検証してみましょう。

幸せのあるべき姿は、個人で異なります。加えてその個人の1日の中でも、さまざまなモーメント（瞬間）が存在し、状況や物事の感じ方によって心身の充足は常に揺れ動きます。さらにウェルビーイングは、個人の瞬間的な快・不快、善し・悪しの総和でもあります。

例えば朝食は健康的な食事を取ったとしても、夕食には友人や大切な人とグルメを楽しむことでストレスを解放し、トータルで健康や体形の維持、管理につなげる。

図表 1-6　おいしさと健康と幸せの関係性

それぞれの人の、それぞれの瞬間の充足を考える際、食品は良いケーススタディになります。

ダイエットや疾病予防、既往症の管理で食生活を制限することは、多くの人が経験しているのではないでしょうか。

健康食品市場を眺めても、糖質や脂質をカットした加工食品のラインナップは、枚挙にいとまがありません。

確かに「疾病予防」という側面から見ると、こういった食品の有用性は高いと思います。

しかし味わいはどうでしょうか。答えを聞くまでもなく、物足りないという方が多いはずです。おいしさは、糖質や脂質の中にあるといえますから。

おいしさと健康は長らくトレードオフの関係にありました。食品加工技術の進歩で、糖分や脂肪分を大幅に減らした味の良い食品も実現しつつありますが、まだ万能とはいえません。特にチョコレートやプリンといった甘さや脂肪分のコクが味わいに直結するスイーツにおいては、限界がありそうです。

オキシトシン的幸福とは？　幸せが体内に及ぼす影響

さらに、「これらを摂取すると健康にはいいけれど、おいしくない」といったことでもしばしばストレスを感じます。こういったストレスが、個々人のウェルビーイングを妨げる要素にもなるのです。今後は、「おいしさと健康」の２つの相反する要素をいかに両立させていくかが課題となります。

そこで解決の糸口となるのがウェルビーイングです。ウェルビーイングは、心身の健康と社会との良好な関係がベースとなりますが、このすべてが満たされなければウェルビーイングな商品といえないわけではありません。

こってりした食事や甘いデザートもフィジカルな側面では不健康かもしれませんが、おいしさで心が満たされたり、家族や仲間と食卓を囲んで楽しんだりすることができるなら、それは心の健康としてウェルビーイングに貢献しているかもしれないのです。

さらに、大切な人との食事で得られる満足感や充足感によって、体内にも変化が起こることがわかっています。

皆さんは神経伝達物質の「ドーパミン」「セロトニン」「オキシトシン」をご存じでしょうか。精神科医の樺沢紫苑氏は、『精神科医が見つけた3つの幸福　最新科学から最高の人生をつくる方法』（飛鳥新社）で、人の幸福に関係するこの3つの神経伝達物質について言及しています。

安らぎを感じたときに分泌されるのがセロトニン、安定した人間関係（つながり）によって分泌されるのがオキシトシン、何かを達成したときの喜びで分泌されるのがドーパミンですが、樺沢氏によるとその3つが十分に分泌されていると私たちは幸せを感じやすいそうです。

しかし、3つの神経伝達物質の恩恵を一気に得るのは難しいため、「優先順位」が大切だとも強調しています。それが、以下の順です。

セロトニン的幸福 ↓ オキシトシン的幸福 ↓ ドーパミン的幸福

この順位を間違えると、幸せどころか不幸になることもあるとしています。人は幸せを求めて成功を得ようと努力しますが、そのためには身体的健康が必要です。つまり、「セロトニン的幸福」と「オキシトシン的幸福」を盤石にしたうえで、「ドーパミン的幸福」を積み上げる必要があるのです。

私は、この3つの幸福と順番の重要性に深く共感しています。富や名声を得ても、身体的な健康がなければ幸福を感じられない場合もあるでしょう。

そして、ウェルビーイングにおいて非常に大切なのが、自分を取り巻く人々との良好な関係です。孤独であれば、富や名声もその価値すら感じられないかもしれません。人は他人の幸せを願うときこそ、強く幸福を感じ取ることができるということも、多くの研究によって証明されているからです。

他者との関係性から感じることができる「オキシトシン的幸福」が、ウェルビーイングを考えるうえで重要だと思います。

オキシトシン的幸福を主眼にすれば、食を栄養機能や嗜好、健康維持といった生体調節機能面だけではなく、料理をすることや食事の瞬間など、食にまつわるすべてをより広い視野でとらえることが可能になります。これはマーケティングや商品開発においても新しい切り口となりますし、ウェルビーイングによって既存の商品が再評価されうる可能性を示唆しています。

おいしさとウェルビーイングの関係性

これまで食べ物のおいしさが実際にどのように人々を幸せな気分にしてウェルビーイングを促進するのかの研究はあまり進んでいませんでした。

そんななか、おいしさとウェルビーイングの関係性についての興味深い研究成果が発表されました。

手軽で健康的な朝食として近年人気のフルーツグラノーラを日常的に食べることによる影響について、カルビーと、身体心理学者で幸せホルモン（オキシトシン）研究の第一人者である桜美林大学の山口創教授が調べたもので、オキシトシン分泌の朝食主食摂取による影響についての共同研究です。

結果として、朝食にフルーツグラノーラを摂取することで、オキシトシンの分泌が上昇することが確認されました。

研究では18～37歳の健康な女性12名を対象に、午前8時～8時30分の朝食時に試験食を摂取してもらい、食事の前後で唾液を採取し、オキシトシンの分泌量とストレス値の指標

図表1-7 朝食主食摂取前後のオキシトシン濃度の変化量

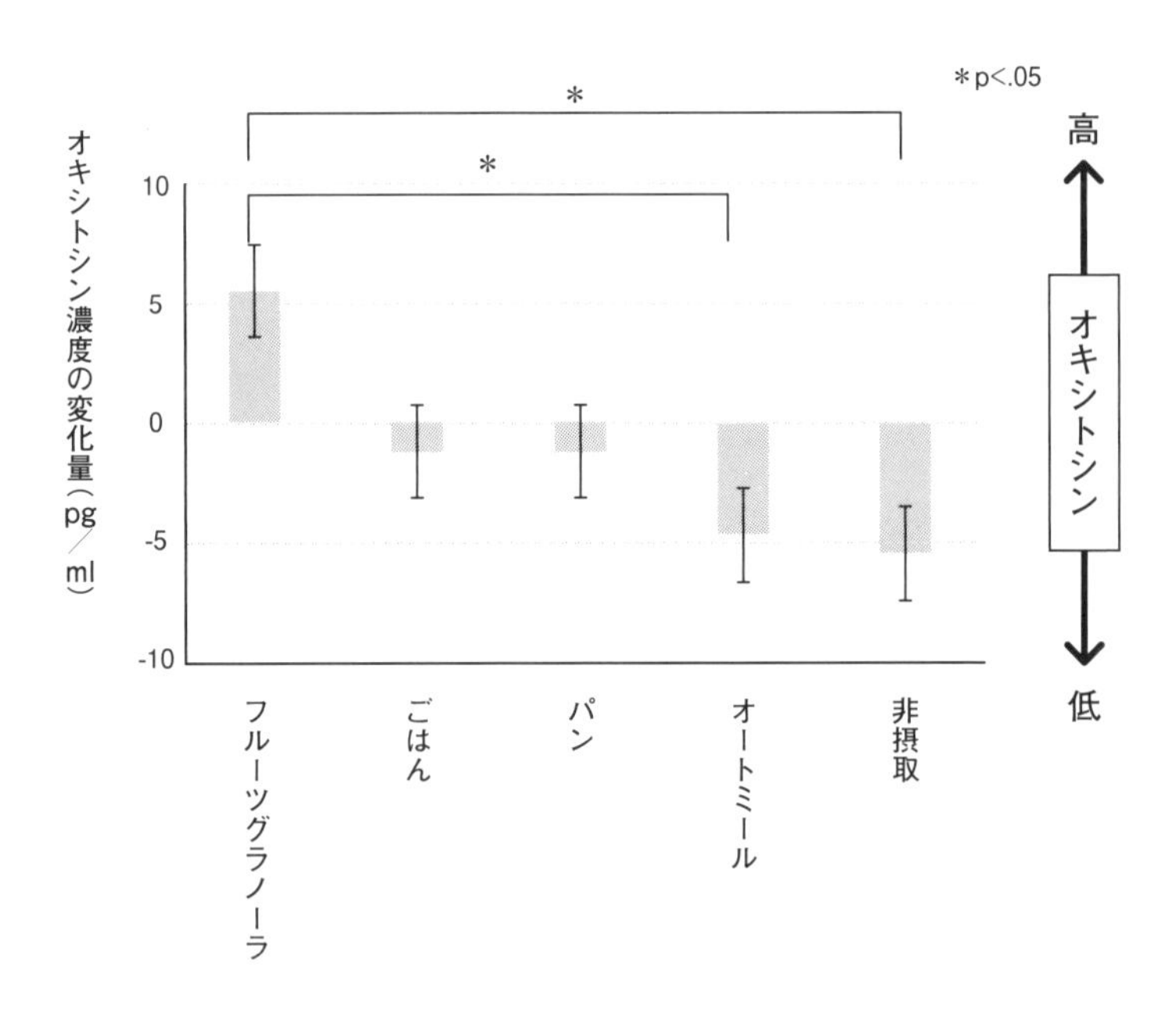

出典：カルビー／桜美林大学 山口創教授

となるαアミラーゼ分泌量の測定を行いました。

試験食は、朝食主食の代表として、ごはん、パン、オートミール、フルーツグラノーラの計4種類とし、さらに非摂取も設けています。

4つの試験食で、摂取前後のオキシトシン分泌の変化量を測定したところ、フルーツグラノーラが最もオキシトシン分泌量を高めることが確認されました。

またストレス指標「αアミラーゼ」が最も低いのは、フルーツグラノーラであることも確認されました。

「オキシトシン」の食に関しての研究事例はまだ少ないのですが、山口教授によると、フルーツグラノーラを摂取したことでリラックスした状態になり、ポジティブで、幸せな気持ちになったといえるそうです。

なお、今回のオキシトシン分泌量を他の行為で例えると、ペットをなでたり、触れ合ったりしたときの上昇率とほぼ同じだったとのこと。

フルーツグラノーラは、製造工程でグラノーラを焼き上げ、フルーツを添えています。このグラノーラとフルーツの「適度な甘さ」がオキシトシン分泌に寄与したと考えられ、さらに、焼き上げた香ばしい「香り」も好影響していると山口教授は分析しています。

食品には、3つの基本的な機能があります。

その1つが最も重要な栄養機能（一次機能）であり、次がおいしさとしての感覚・嗜好機能（二次機能）、そして3つ目が健康の維持や向上に関与する生体調節機能（三次機能）です。

最近の機能性表示食品ブームにおいてはしばしば3つ目の健康機能に注目が集まりやすく、さらに、完全栄養食の人気から栄養機能にも注目が集まってきています。

しかし二次機能であるおいしさは、長らく情緒的な価値としてとらえられてきました。これまで健康とトレードオフだと考えられていたおいしさが、実はウェルビーイングの観点から人々の心を健康にすることに寄与すると今回の研究で明らかになったのです。そしておいしい食事が提供される食卓には家族や友人たちが集まります。そこにはまた人と人との関係性が生まれるという別のウェルビーイングな価値も存在します。

加えて、今SDGsが注目される時代背景のもと、ナチュラル、オーガニック、プラントベースなどのサステナビリティも、生活者が食を選ぶ基準としてますます重要になってきています。

ウェルビーイングとは、多様性の実現でもあります。

ヘルス、ウェルネス、ウェルビーイングと、食と健康の価値観が大きく変化していく中で、改めて人々を幸せにする食のあり方が問われているのです。

フルーツグラノーラの例を見れば、「食と健康」をウェルビーイング的視点で考察したときには、身体的健康だけがゴールにならないことは明白です。

目指すべきゴールは、身体的健康を1つの要件にしながらの生活者のウェルビーイングの実現であり、マーケティングにおいては、そのウェルビーイングを実現するストーリーが、市場の醸成に必要になっていくのです。

Special Talk

求められる ウェルビーイング産業への 変革と意識改革！

食の機能性で売る時代の終焉

（本対談は2022年10月26日に行われました）

株式会社インテグレート
代表取締役 CEO **藤田 康人**

株式会社グローバルニュートリショングループ
代表取締役 **武田 猛** 氏

18年間の実務経験と18年間のコンサルタントとしての経験を積み、36年間一貫して健康食品業界でビジネスに携わる。コンサルタントとしては国内外合わせて700以上のプロジェクトを実施。「世界全体の中で日本を位置付け、自らのビジネスを正確に位置付ける」という「グローバルセンス」のもとに先行する欧米トレンドを取り入れたコンセプトメイキングに定評がある。

写真：有光こうじ写真事務所

機能性表示食品制度の現在地と「食」の原点回帰

藤田　まず、機能性表示食品のお話からお伺いしたいと思います。2015年に制度がスタートしてから（22年で）8年目を迎えています。武田さんからこの制度はどのように見えていらっしゃいますか？

武田（敬称略。以下同）　届出件数こそ6000件を超えていますが、そのうち半分は未発売、さらに約600件弱が撤回されています。制度は運用に伴い進化していると思いますが、機能性表示食品となっても売り上げはさほど伸びていない商品が目立つような気がします。例えば「血圧」と書いた途端、一気にターゲットが絞られて市場も小さくなります。

藤田　皮肉だなと思うのは、粗悪な企業や商品をふるいにかけることも機能性表示食品制度の大きな目的の1つでしたが、機能にフォーカスすることによって必然的にビジネスが狭くなってしまったことです。さらにいうと、消費者の期待値と実際の商品力にギャップが生まれやすく、1回は買ってくれるけれど継続がされにくく、なかなかビジネスになりにくい状態になってしまっているような気がします。

武田　表示ができなかった頃のほうが、素材や成分にこだわったり、歴史をひもといたり、継続して使うことが大切だということを伝えたりと、マーケティングにいろいろな工夫や努力をしていたと思います。今は例えば、「睡眠の質を高めます」、だから「買ってください」といったように、機能性表示に頼ってしまっている感じがします。

藤田　企業からは「エッジの立った機能性表示や訴求ポイントがなくなると売れなくなる」という話をよく聞きます。しかし、現実的には機能性を表示したために期待値が上がって、消費者が「効果がない」と感じると早々に売れなくなってしまいます。

一方で、アメリカでは近年、健康機能というよりも〝ナチュラル〟や〝オーガニック〟〝クリーンラベル〟といった表示が目立っているようです。海外の市場に詳しい武田さんは、最近のアメリカの市場をどのようにとらえていますか。

武田　ナチュラルやオーガニック関連の商品は間違いなく伸びています。今回の新型コロナウイルスによるパンデミックの影響はもちろんアメリカでも大きく、その中で食品そのものに健康効果があることを前提にした〝ナチュラル〟は非常に強いトレンドです。さらに、グルテンフリーやデイリー（乳成分）フリー、大豆フリー、遺伝子組み換えフリーなど、「フリー」を訴求する商品も人気です。

特に、食品添加物を避けてオーガニックを求めるという動きは、サイエンスというよりは人間本来の直感から来ているようにも感じます。「オールナチュラル＋〇〇不使用」とうたった商品が、消費者から高い支持を集めています。

藤田　有機的に細胞を動かすためには、炭水化物・脂質・たんぱく質（ＰＦＣ）をベースにビタミンやミネラルのような栄養成分がトータルでバランスよく必要だというところに、アメリカは原点回帰しているように思います。

武田　身体の基本的な部分を整えるということですね。アメリカではファンクショナルフード（機能性食品）という言葉は誰も使っていませんし、そもそも〝成分の機能性〟をあまり意識していません。「ヘルスクレームだけでは商品は売れない」ということはアメリカでは当たり前で、サプリメンティッドフード（成分を添加した食品）はすでにコモディティ化しています。

特定の機能にフォーカスすれば、食品は薬には到底及びません。あくまでも食品は、1つの成分ではなく、含まれる多種多様な成分が複雑に影響し合って機能性を発揮していると思いますし、アメリカではそのようなナチュラルな食品を取るライフスタイルが一種の社会的ステータスにもなっています。

藤田　なるほど。一方で日本の企業では、機能性表示食品の登場で、現時点でも新しくエッジの立った機能性表示を探った商品の開発競争が花ざかりに見えます。機能性表示食品制度ができて、一定の科学的根拠（エビデンス）があれば表示ができるようになったことも大きいと思います。しかし、アメリカではそれらがすでにシュリンク傾向に入っているとなると、完全に周回遅れですね。

武田　確かに日本では、機能性表示食品制度の登場でこれまでいえなかったことがいえるようになったという反動もあると思いますし、サイエンスにある程度投資できるようになったということも影響していると思います。

制度ができる前は、学会発表どころか動物試験や細胞試験でさえもエビデンスだと思っていた人がたくさんいました。そこが、少なくとも「ヒト臨床試験で論文化されたものでなければエビデンスではない」といった理解が浸透したことは、業界の水準が少しは上がったのかなと思います。ただし、サイエンスとマーケティングとはまったく別の話になります。

藤田　アメリカでは「プラントベース（植物由来原料のみで作られた食品）」のトレンドが強まっていますが、最近日本でもプラントベースの商品を開発したいといった相談が多くなってきています。

武田　海外のプラントベース代替品マー

ケットに関しては、今のところ肉代替品を筆頭に失敗例が山積みです。例えばディリーフリーの商品は牛乳を飲みたいけども乳糖不耐症やアレルギーで飲めない人が飲むという市場です。ちなみにアメリカで牛乳の代替品として登場した豆乳は、すでに惨敗しています。トレンドは各国の市場背景や文化を理解して日本に取り入れないと、表面だけまねてもうまくいかないのかなと思います。

個別の食品ではなく、食生活全体から健康を考える時代に

藤田　例えば、プロテインは運動機能の向上を目的として摂取する「運動プロテイン」と、身体の構成要素として補充する「生活プロテイン」があると考えています。髪の毛も爪も皮膚も臓器も、もっといえばホルモンも血液も細胞もすべて材料はプロテインです。こういった考え方は日本ではまだまだ希薄ですね。

武田　そういった意味では、アメリカでは「高プロテイン」は普通に受け入れられています。一方で、「低炭水化物」食品やそれらを組み合わせた商品もトレンドです。さらに、食感や味の工夫も盛んに行われています。

藤田　日本は単純にONかOFFで考える傾向があります。しかし、例えば食物繊維も炭水化物ですので、単純にロカボとひと

くくりにしてしまうのは問題があると思います。「よい炭水化物」「悪い炭水化物」をきちんと区別すべきですし、脂質もオメガ3脂肪酸などの良質な油があるのに、全般的に「ノンオイル」でひとくくりにされてしまってミスリードされています。

武田　1つには、「カロリー＝悪」という考えがベースにあると思います。どうしても脂質はカロリーが高いです。しかし必須栄養素ですし、オメガ3脂肪酸や中鎖脂肪酸（MCT＝Medium Chain Triglyceride）などのよい油もあります。最近は、飽和脂肪酸も決して悪くないといった報告も出てきています。

　もう1つ、日本の食の大きな問題に教育もあると思います。例えば、ニュージーランドやオーストラリアでは、Health Star Rating Systemという食品の栄養面での品質をスコア化したシステムの数値を使っています（栄養素プロファイル）。これを使うと、同じ炭水化物でも糖質と食物繊維は違いますので必然的にスコアも変わってきますし、脂肪でもオメガ3脂肪酸はスコアが良くなって、オメガ6脂肪酸は悪くなり、最終的にはトータルのスコアで評価します。一方で、日本では今でもカロリー制限中心で、栄養素の過不足にならないための食事摂取基準をベースに指導をしています。栄養素プロファイルまで踏み込んだ取り組みの必要性を感じています。

藤田　脂質に関しては、海外で新たな流れが起きそうだとお伺いしています。

武田　はい、来年（２０２３年）ぐらいから大きなトレンドになるかもしれませんが、種子油を避けようという動きは注目です。すでに22年春に、アメリカでは種子油を使わない商品を作るコンソーシアムができたようです。種子油を使わない製品には認定マークが貼られるといったようなことも、23年ぐらいから始まるかもしれません。

代わりによい油を使いましょうということで、オリーブオイルやMCT、米油などが日本でもさらに注目されるでしょう。

藤田　油をOFFにするのではなく、油の質を変えるということですね。油はおいしさの扉を開いてくれるという面もあり、油があることで料理がとてもおいしくなります。ノンオイルにしたらおいしさがなくなってしまいますね。

武田　「味」の要素は大きいと思います。特に高齢の方には、そういった使い方をするといいと思います。油の認知もこれからだいぶ変わっていくかもしれません。

さらに、罪悪感なく食べられるギルティフリー的な食品も期待がもてます。日本ではあまり見かけませんが、例えばプロテイン入りのアイスクリームなども面白いと思います。アメリカ市場では普通にありますし、ご高齢の方も食べやすいです。

藤田　超高齢社会、人生100年時代を迎えるにあたって、例えば地中海食や少し前までの沖縄の伝統食、最近でいうと京丹後市（京都府）の長寿食など、これからの時代は食生活を再度見直して、食事のバランスによって健康を維持していく時代ですね。

武田　おっしゃる通りだと思います。一方で、高齢者は量は食べられません。そういう人たちに、吸収率のよいものを食べていただくといった工夫は必要になってくると思います。

もう1つ、欧米では〝ウエートウェルネス〟という言葉もトレンドです。これまでは「これを飲んで痩せましょう」という訴求でしたが、今はSNSの普及によっていくらでも情報が取れます。自分で、商品やダイエット方法を探して選んで自分流にアレンジしますので、1つの商品だけに頼らなくなってきています。日本の企業は、そこに気づいたほうがいいかなと思います。

例えば〝ケトダイエット〟ですが、アメリカでは3年ぐらい前から「ケトフレンドリー」という言葉で商品群が構成されています。「ダイエットを実践するために使いやすいですよ」というコンセプトで店頭にグループで並んでいますので、食事法や健康法に取り入れやすくなっています。ただ、これは1社ではできませんので、数社でコンソーシアムを組むといった仕掛けが必要になります。

藤田　一方で、ヨーロッパはいかがでしょうか？　酪農が盛んな国がたくさんありますので、乳製品や動物性食材の市場も気になります。

武田　国によって、かなり差があると思います。例えば、イギリスはアメリカに近く、食事を補うサプリメントの存在感がある一方で、フランスやイタリア、スペインなどは、サプリメントよりは食事で……という考えがより強いと思います。特にフランスはチーズやバターなどの乳製品の消費量が日本と比べて桁外れに多いですし、全体的に動物性プロテインに対しての否定的な見方もありません。ベジタリアンも決して多いわけではありませんので、プラントベースの代替品などはヨーロッパの市場ではあまり見かけません。

藤田　ヨーロッパのサプリメント市場はどうですか。アダプトゲン（疲労やストレスへの抵抗力を高める働き）的な天然ハーブの動向も気になります。

武田　ハーブの市場規模が一番大きいのはドイツですが、それでも韓国より小さいと思います。ただし、ハーブは民間療法で結構使われていて市場でも流通していますので、自然療法という意味では、アメリカよりは受け入れやすいと思います。

ヘルスケアも健康食品もすべてをのみ込む「ウェルビーイング」という概念

藤田　さて、ここまでは、主に身体の健康の面からの「食」のお話をしてきましたが、一方で、近年はＳＤＧｓに代表されるように、「Natural and Craft」の要素が急速に強まっています。当然、これらのトレンドは食とも非常に関係が深いです。

こういった動きの背景には地球環境との関係性を改めて考えていこうといった側面と、もう1つは「社会に貢献したい」「社会にとってよいことをしている自分が素敵」といった側面もあると思います。

武田　人のために役に立つことに価値を感じる人が、コロナ禍を機に増えていると思います。利他の心ですね。そして、社会貢献をすることで自己肯定感が高まると、身体全体にもよい影響があることがわかっています。

身体と心、そして社会性の3つはつながっていると思います。これまでは、例えば「血糖値を下げます」といったフィジカルな面しか見てきませんでした。それらはすべて、個人に意識が向いています。一方で、社会性はベクトルが外に向いています。これからは、このような意識の多様性も重要になってくると思います。

藤田　おそらく、今まで日本の健康食品業界は、〝メンタル〟でさえも機能の1つとしてしか見ていなかったのではないかと思います。しかし、もうそういう時代ではない。自己肯定感や満足感などのメンタル、人との関係性も含めた社会性、そのすべてをのみ込まなければならない時代になりました。

そうなると、肉体的、精神的、社会的、すべてにおいて満たされた状態、食という場に人が集まることの価値も含めた、これからの時代の新しい幸せの形とでもいいましょうか……。つまり「ウェルビーイング」という概念で「食」「ヘルスケア」を考えていかないとそれらすべての要素を収めることができません。健康食品やヘルスケア産業は「ウェルビーイング産業」に変容していかなければならないと思います。

武田　おっしゃる通りですね。そうなると、マーケティングの面では食の周辺にあるストーリーを溶け込ませていくことが重要です。例えば、「森林の植樹に貢献している」といったようなＳＤＧｓの活動に関わっている企業も少なくありませんので、そこをストーリー化して商品に乗せてもっと前面に出していく時代ではないでしょうか。ただし、そうなると健康食品の世界ではなくなってしまうかもしれません。

藤田　そういう意味では、どんどん事業効率は悪くなって、ビジネスは難しくなっていきます。「人生１００年時代が到来する。しばらく高齢者のマーケットは保たれる。高齢者は身体に不調が多くて健康により気を使うし、薬を飲みたくない人も一定数いる。だから、サプリメントはまだまだ売れる」みたいな考え方はすでに過去のものなのでしょうね。

武田　社会がそれだけ進化して、複雑化しているということです。価値観も多様化していますので、１つのブランドが大型商品になるということは、欧米でもすでになくなってきています。その前提でビジネスを考えていかないと、結局無理して失敗してしまうと思います。

もっと、消費者の生活に踏み込んでいくような提案や、消費者に寄り添う形での情報発信をしていかないと、どんどん消費者が離れてしまうと思います。

藤田　そういった意味では、少し回り道になるかもしれませんが、ビジネスコンソーシアムを作ることも重要だと思います。

しかも、食品会社だけでなく保険会社や住宅会社など、関連企業が「ウェルビーイング」の御旗のもとに、エコシステムを構築していく必要性を感じます。ナチュラル志向は、日本にも親和性の高い考え方ですし、日本特有の〝おもてなし〟や〝わび・さび〟的な考えも取り入れていけば、まだまだ世界で闘えると思います。

日本の健康食品業界は、ウェルビーイングの視点からもう一度、業界全体を見直すターニングポイントに来ているのではないかと思います。

Chapter

2

機能性やエビデンスだけでは売れない時代に、何が必要か?

生活者の欲求を見抜く！　顧客視点のマーケティング

すでに健康食品の機能性競争は終焉を迎えつつあることをお伝えしました。今後の食品業界は、ウェルビーイングをどのようにマーケティングや開発に適用させていけばよいのでしょうか。

本書を手に取っていただいた皆さんの中には、商品企画や開発、マーケティング領域の方が多くおられるかと思います。メーカー起点の発想ではどうしても商品機能で勝負してしまいがちです。

しかし、販売訴求において機能ばかりを優先すれば、生活者ニーズとはかけ離れた道をたどってしまうかもしれません。今後重要なのは、商品によって生活者のウェルビーイングがどう実現するかという点です。皆さんの会社のある商品を利用することで生活が改善するなど、暮らしに充足感を与える必要があるのです。実はこういった売り手と生活者の認識のズレは、マーケティングの世界では古くから指摘がありました。

１９６８年に発売されたセオドア・レビット氏の著書『マーケティング発想法』には、現在のマーケティングにも通じるある格言が記されています。「（電動）ドリルを買う人が欲しいのは、〝穴〟である」というその格言が意味するところは、生活者はドリルを欲しているのではなく、穴を開けたいということ。健康食品でいえばドリルは「機能性」であり、いたずらに〝機能推し〟のコミュニケーションを生活者に向けて展開している場合も少なくありません。しかし、生活者は「その機能性がもたらす身体への効果」、さらには「身体への効果によって得られる日常的な幸福」を求めているのです。このように視点を〝生活者都合〟に変換していくことが、ウェルビーイング市場では必須です。

関係性のリデザインとは？　キシリトールの場合

ウェルビーイングビジネスに参入するためには、何から手をつければよいのでしょうか？　今までの商品やビジネス戦略を180度転換するような必要はないので、ご安心ください。

皆さんの会社も、ウェルビーイングの基盤となる身体や心、社会と関係性のあるサービスを提供してきたはずです。まずは既存のサービスにおいて、マーケティングの切り口をウェルビーイング仕様にしてみましょう。生活者との間に新しい関係性が構築できればしめたものです。私たちはそれを、「関係性のリデザイン」と呼んでいます。

関係性のリデザインは、既存の商品やサービスの視点を変えることで、商品に新たな価値を付加することです。サービスに新たな価値が見いだせれば、未開拓だった顧客層にリーチできるかもしれません。

私自身が手がけた経験として、「キシリトールガム」の事例を紹介します。キシリトールは1997年に厚生省（現・厚生労働省）に指定された食品添加物で、私はこの原材料メーカーのマーケターとして、キシリトールの日本導入に関わりました。今では虫歯予防のガムとして知らない人はいないキシリトールガムですが、当時の知名度はゼロ。そこでこのガムの認知を広めるために、全国の歯科医の皆さんに働きかけを行いました。

〝歯科医が虫歯予防を推進し、ガムを売る〟。虫歯治療が歯科医の主たる仕事であった時代です。一見、虫歯が減るとデンタルクリニックの経営は困窮するのではないかと考えられがちですが、キシリトールガムにおいては、その歯科医の皆さんが積極的にガムを宣伝してくれました。それは、歯科ビジネスにおける顧客との関係性をリデザインしたからです。

当時、国内には約6万5000軒のデンタルクリニックがありましたが、市場はすでに飽和状態でした。さらに、少子化が進んでいたこともあり、全国のデンタルクリニックは危機感を募らせていたはずです。その頃の歯科医療のビジネスモデルは「治療型」で、虫歯や歯周病の患者さんを治療することでビジネスが成り立っていました。しかし少子化で患者さんの絶対数が減少すると、当然収益は減ることになります。

そこで提案したのが、〝予防型〟のビジネスモデルです。フィンランドや米国では、すでに予防型のビジネスモデルが成功していました。彼らはデンタルクリニックへ虫歯の治療に行くのではなく、虫歯予防のために通っていたのです。

その頃の日本人の虫歯の有病率は人口の約1割で、1人の患者さんが治療に訪れるタイミングは、3~5年に1度と換算できました。もし予防歯科が普及したら、数年に1回であった通院の回数が増えるはずです。そうすれば、1回当たりの利益は低くても経営が成り立つようになります。また、かかりつけ医として患者さんとの関係ができれば、その家族や友人へと顧客が広がっていくかもしれません。

デンタルクリニックを予防型に転換するにあたっては、予防に保険が適用されないという課題もありました。保険診療が当然である日本人からすると、自由診療は受診のハードルが上がります。ですので、予防のために受診してもらうためには、〝確かに虫歯が減る〟という裏付けと〝目に見える効果〟が必要でした。

そこでキシリトールガムの出番です。当時、世界で唯一、虫歯を引き起こすミュータンス菌を減らすことができると実証されたキシリトールは、虫歯の有病率が高い日本人の口内には最適でしたが、単に「キシリトールガムを噛めば虫歯にならない」と伝えたところで、誰も信じてはくれません。本当に虫歯菌が少なくなっていることを証明しなければならなかったのです。

そこで、フィンランドから虫歯菌を測定できる機器を輸入し、クリニックに配置しました。歯科医には治療に訪れた患者さんの虫歯菌を測定し、それらを減少させるための対策としてキシリトールガムを提案してもらいました。1カ月後、再診してもう一度計測します。すると、効果を実感できた患者さんは、再度キシリトールガムを購入し、さらに再診にかかるというサイクルが見事にできあがったのです。歯科医がキシリトールガムを販売することで、数年に1回であった来院が、短いスパンで訪れる定期検診に変わっていきました。

すでにお気づきだと思いますが、キシリトール導入で行ったマーケティングにおいては、歯科医がこれまで提供してきたサービスの中身を刷新したわけではありません。サービス自体は変わらないのに、今までクリニックに足を運ばなかった人々が、次々と訪れるようになりました。定期検診であれば歯科衛生士でも可能なので、歯科医以外のスタッフも収益を上げられるようになります。つまり、〝虫歯を減らすと収益が上がる〟というビジネスモデルを生み出すことができたのです。

キシリトールガムの場合は、デンタルクリニックのビジネスモデルを治療型から予防型に転換することで、「虫歯を治してもらう場所」に加え、「虫歯を予防するために行く場所」という新しい価値が生まれました。患者とクリニックの関係性と接点を変えるのが、〝関係性のリデザイン〟なのです。

皆さんのビジネスも、生活者のウェルビーイングを実現するために関係性をリデザインすれば、あらゆる可能性が広がっていくはずです。

「ナナメずらし」を活用すれば、ウェルビーイングは伝わりやすくなる

関係性のリデザインは、自社だけでなくステークホルダーとの関係性にも切り込む手法です。しかしそれは、商品や市場などの状況により、実現が難しい場合もあるかもしれません。そんなときに挑戦していただきたいのが、「ナナメずらしのアプローチ」です。これは、商品コンセプトの開発や、既存商品のマーケティングにも活用できます。この方法は、商品やビジネスモデルへウェルビーイングを適用するだけでなく、生活者にメッセージが伝わりやすくなるというメリットもあります。

「ナナメずらし」とは？　具体例から学ぶ、商品コンセプト開発

生活者心理を突いたマーケティングを行うためには、そもそもの視点を変える必要があります。既存市場の機能性に真っ向から同じ機能コンセプトで勝負する代わりに、それをナナメにずらして解釈し直すのが、新時代のアプローチです。

ここからは健康食品領域で行われたコンセプト開発の具体的な事例について見ていきましょう。目的はいずれも、生活者のウェルビーイングの実現です。

事例1：「目の調子が良くなる」をナナメにずらすには？　ファンケルの「えんきん」の場合

ファンケルから発売されているサプリメントの「えんきん」は、目の健康に良いとされるルテインなどを配合した機能性表示食品として知られています。競合にあたるブルーベリーなど目の健康がコンセプトのサプリメントは多数販売されており、「目の調子が良くなる」といった漠然とした訴求点のみで市場を勝ち抜くのは困難であったはずです。そこで、生活者が感じている目の疲れや老眼の進行、細かい作業のしにくさから「手もとのピントがうまく合わない」という課題をあぶり出し、最終的に商

品の訴求点を「ピント調整力」に置き換えることで、既存のアイケア商品との差異化に成功しました。

競合との差異化をはかる際には、視野を広げて考えることが大切です。この商品においては生活者の真の願いは「目がよく見えるようになること」です。そうであれば、目の調子が良くなった状態を表現するキーワードが必要になりますし、サプリメントだけでなく、メガネや目薬、ブルーベリーを使った商品やマッサージなどもライバルになるでしょう。多彩な領域を視野に入れ、自社の商品領域で訴求しやすい切り口やコミュニケーションを検討していく必要があります。

事例2：「良質な睡眠」をナナメにずらすには？
大塚製薬の「賢者の快眠」の場合

大塚製薬の「賢者の快眠」は、自律神経に作用するアスパラプロリンを含む機能性表示食品です。それまでの睡眠関連食品の市場には、〝素早く入眠し長く寝る〟といった睡眠時間の確保をゴールとする製品が多くありました。一方、生活者の多くはぐっすり眠れるという睡眠の質の解決には食品やサプリメントよりもマットレスや枕などの寝具に期待する傾向が強く、睡眠の質の改善というコンセプトはこの商品とうまくマッチしないことが懸念されました。

「賢者の快眠」は、自律神経のバランスを取り、体内時計を整えることで睡眠の質を改善する機能が特徴の製品です。

生活者が本当に求めているのは「どう寝るか」の先にある「いかにすっきりと起きるか」です。多くの人が睡眠の質に気づくのは往々にして朝の目覚めのときだとのアプローチから、結果的にこの商品のコンセプトは「体内時計を整えて、すっきり目覚める」となりました。

市場においては、すっきり目覚めるという機能性を表示することができる唯一の商品となり、独自のポジションを築くことに成功しました。生活者に伝わりやすいナナメずらしのコミュニケーション設計の好例だと思います。

〝中の人〟が見落としがちな視点をカバーする！　ナナメずらしのポイント

先に挙げた2つの事例は、差がつきにくい商品の機能や、すでに生活者に知られているベネフィットから離れ、生活者視点から戦略を練り直した見本になるはずです。ナナメずらしのマーケティングは、〝メーカーの中の人〟の感覚を解放し、自身を一生活者として見直すことから始まります。生活者の現実的な悩みをキャッチアップし、自社のプロダクトがそれらの懸念の唯一の解決方法となるよう、ストーリーを紡いでいけばよいのです。

なお、商品のストーリー開発については、拙著『ヒットを育てる！ 食品の機能性マーケティング　売れるものにはワケもシカケもある』（共著、日経ＢＰ）や、『ウェルビーイングビジネスの教科書』（共著、アスコム）の２冊で詳しく言及していますので、参考にしてください。

それでは、ウェルビーイングの視点から「関係性のリデザイン」や「ナナメずらし」のフレームワークを活用して、ゼロから商品開発をするとどうなるのか。

例えば、サプリメントを開発したいとしましょう。

これまでの機能性表示食品は、症状を改善する対症療法的なものとして考えられていました。膝が痛い人には膝の痛みを改善するサプリメントを、血圧やコレステロールが高い人にはそれを下げるサプリメントを考えるといった具合です。しかし、症状が出る前に使うサプリメントとなると、ターゲットも変わってきます。

膝痛のサプリメントの場合は、主に65歳以上の今すでに膝が痛い人向けの商品です。しかし、予防をコンセプトにすると、症状が出る前の、40～50歳くらいで、まだ膝が痛くない人までターゲットを広げることが可能になります。

訴求の仕方も変わるでしょう。

症状が出てから使うサプリメントの訴求は、痛みの改善にどれくらい効果があるのか、どうしてこの成分なのかなど、痛みと直結する内容がメインになると思います。そして薬ではないサプリメントでこの効果を直接訴求することは、規制のもと、限定的にしか許されません。

一方、予防のサプリメントの訴求は、膝が痛くなったことで失われるウェルビーイングな時間、体験になります。例えば「楽しみにしていた旅行に行けなくなる」「大好きな趣味のゴルフが続けられなくなる」「毎日の犬の散歩がつらくなる」など、楽しみが失われるシーンをイメージさせることがポイントになります。この商品は、あなたの体を若々しく保つことによって、いつまでも自分らしく生きていけるというコンセプトで開発します。「痛みを解決してあげます」から、「あなたのウェルビーイングを守ってあげます」に。これだけで、受け止められ方は大きく変わるのではないでしょうか。

〝痛みに効く〟というシンプルな話のほうがわかりやすいのは事実です。しかし、薬ではないサプリメントだけで効果を体感させるのには限界があります。一時期大流行したトクホのメタボ飲料が今苦戦しているのも、飲料を飲んだだけではそう簡単に痩せはしないということを多くの生活者が体験したからだと思います。

そこで、あえて体感が求められる個別の健康機能ではなく、ウェルビーイングについて訴求することで継続購入の可能性を高めることを目指すのです。これからの時代は、痛みや疾病によって失うかもしれない幸せに、よりスポットを当てることが重要になってきます。

もしかすると、既存の商品やサービスも、アプローチを変えるだけで新たなお客さまを開拓できるかもしれません。

コンセプトをウェルビーイングの視点でナナメにずらしていったり、ビジネスにおける関係性をリデザインしたりすることで、そのサプリメントを販売する会社は「膝の痛みを解決する会社」から「生活者のウェルビーイングを守る会社」へと生活者との関係性を変化させることが可能です。そうなれば、自社の市場や商品ラインナップに関する可能性も大きく広がるのではないでしょうか。

ウェルビーイングは、人の心に立ち戻ることで見えてくる

この章では、ウェルビーイング時代におけるマーケティング戦略の一端をお話ししました。改めて、今後の健康食品市場の風向きをどう見るべきか、最後に整理しておきます。

お話ししたように、健康食品市場における個別の健康機能の争いは終焉を迎えつつあります。今後、市場で勝ち抜くためには、生活者の都合に合わせたマーケティングが必要だと考えられます。

さらに、人々が求める健康のあり方は、生活習慣病予防のような特定の疾患予防から離れ、免疫をはじめとした人の身体に備わるホメオスタシス（恒常性）や、細胞一つひとつの健やかさを求めるといった新しい観点も生まれています。

目まぐるしく変化するニーズを読み取り、それぞれの健康を実現するために、生活者の生活上の課題を解決する具体的なストーリーがますます重視されていくでしょう。そしていつしか健康食品は、機能の枠組みを超え、食事の仕方を含む食全体の考え方や、体質改善といった本質的な健康を目指す世界に向かっていくと予想されます。ますますマーケティングは複雑に、そして経験とテクニックが必要になるかもしれません。

だからこそ私は、この時代における人々の幸せや楽しみなどからあるべき次代の健康観を要約し、ビジネスに落とし込んでいく必要があると考えます。それは、あるときは最新のテクノロジーを利用したサービスに置換されるかもしれませんし、漢方などの伝統的な身体のバランスを整える方向に転化されるかもしれません。

しかし、そういったさまざまなソリューションの相乗効果により、「健康×食×ウェルビーイング」のマーケットが広がっていくのだと感じています。

人々の幸せのあり方は千差万別です。ニーズも細分化している時代ですから、ビジネスに落とし込むためには、セミオーダーに近い発想や、まだ成功例は少ないですがパーソナライズといった視点も必要になるかもしれません。しかし、確実にいえるのは、ウェルビーイングビジネスは、〝それぞれの人の異なる幸せ〟に寄り添う取り組みだということです。

人の心のありように立ち戻ったときに見えてくるものに、目を凝らしていく。ウェルビーイング時代のマーケティングにおける視点は、ビジネスに参画する私たち自身の幸せを追求する旅でもあるのです。

Chapter

3

ウェルビーイング時代の未病ケアアプローチ

消費者の健康状況を細分化する

時代がウェルビーイングに向かうなか、健康食品はどのような方向へ転化していくと予想できるでしょうか？

ヒントはここ数十年の私たちのライフスタイルの変化にあります。目まぐるしい技術革新や暮らしの変化によって、私たちはかつてないほどストレスフルな環境にさらされるようになりました。近年はデジタルストレスの影響も無視できません。気候変動などの環境変化も大きくなり、「なんとなく不調である」と訴える人も増えています。

そんななか、健康食品の分野では、近年「未病」という概念が注目を高めています。『大辞泉』によると、未病とは「東洋医学において、検査を受けても異常が見つからず病気と診断されないが、健康ともいえない状態。放置すると病気になるだろうと予測される状態をいう場合が多い」と定義されていますが、病気とは診断されないものの身体や心に何らかの具体的な不具合を感じる場合から、健康だが心身について漠然とした不安を感じるということまで、まとめて幅広く「未病」と表現されていることが多いように感じます。

我々インテグレートでは、未病の中でも「病気とは診断されないものの身体や心に何らかの具体的な不具合を感じる」ということを「コンディショニング」と定義しています（図

図表3-1 未病と病気の間にある コンディショニングという概念

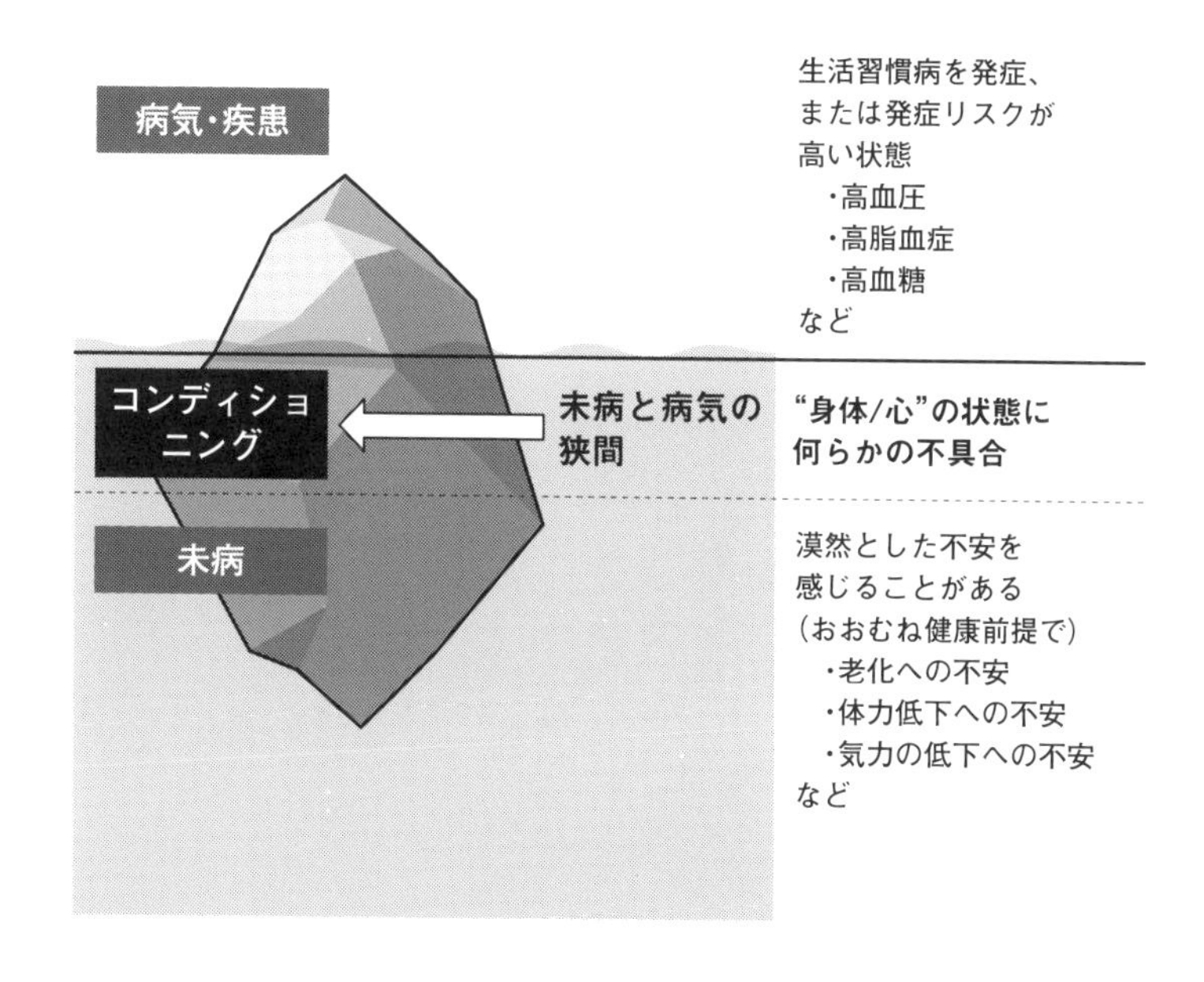

表３－１）。

また、生活者の健康状況を大きく３つに分けることによって、各人がもつインサイトについて的確に対応できると考えています（図表３－２）。

病気・疾患とコンディショニングの一部において、これを解決できるのは医薬品であり、健康食品では本来「何かしらの不調を治す」ということはできないはずです。そのため、３つに分けた健康状態のうち健康食品が寄与できるのは、未病と、未病寄りのコンディショニングに関してなのではないでしょうか。

一方、機能性表示食品で表示される機能で多いもののランキングでは、中性脂肪、血糖値、血圧、内臓脂肪、認知機能などの病気・疾患領域に近い状態を改善する機能が上位に入ってきています。

しかし、ウェルネス総合研究所が20～70代の男女を対象にして行ったニーズボリューム調査によると、それらのニーズは限定的であり、多くの人は「健康でいたい」「若々しくいたい」といった抽象度の高い健康価値を求めていることがわかっています。

このことから見ても、今までの病気・疾患領域の個別の健康機能対策や、商品コンセプトの打ちだしでは、市場が頭打ちであることがわかるでしょう。

図表3-2 病気・疾患、コンディショニング、未病の定義

	病気・疾患	コンディショニング	未病
定義	狭義では、**生活習慣病**を発症、または発症リスクが高い状態だと自覚している人。広義では、**糖尿病、ロコモ／フレイル、認知症**も同様に含む。	病気・疾患ではないが、現在の**"身体／心"の状態に何らかの不具合**、または課題意識をもっている人。	病気・疾患ではなく、不具合が顕在化しておらず、**おおむね健康**であるが、その状態から離れつつある人(離れる可能性は誰しもある)。
具体例	・高血圧 ・高脂血症 ・高血糖　など	・肥満／太り気味／痩せすぎ ・肌荒れ／しわ・たるみ ・イライラ／疲労感 ・冷え性／貧血 ・更年期障害／生理痛　など	漠然とした不安を感じることがある(おおむね健康前提で) ・老化への不安 ・体力低下への不安 ・気力の低下への不安　など
インサイト例	回復／リスク回避を求めている ・治したい ・これ以上進行させたくない **・症状を緩和させたい** **・発症したくない**	今より「良い状態」を求めている ・痩せたい ・筋肉を付けたい ・冷え性を改善したい ・○○を治したい／整えたい	漠然とした健康観をもっている **・元気でいたい** **・若々しくいたい**

一般的な生活者が求めるのは、若々しく自分らしく魅力的に生きられる状態になることであり、それを維持することです。それはまさにウェルビーイングな状態を維持することにほかなりません。

そのニーズに応えるために健康食品という分野において私たちにできるのは、部位ごとの症状への直接的なケアだけではなく、全身的なアプローチを行うこと、そしてあらゆる疾患の根本原因となるストレスダメージを減らして細胞の正常な代謝をサポートすること、自己治癒力を高めることではないでしょうか。今後注目される健康食品市場の傾向を、以下の2つに整理しました。

ウェルビーイング時代に注目すべき、2つの領域

1　身体の潜在的な機能やホメオスタシス（恒常性）の維持

人間の身体にもともと備わっている体内の環境を一定に維持する機能「ホメオスタシス」を正常に保ち、バランスを整えることで心身の健康を守っていくことを目指す領域です。古くから続く東洋医学的な食材（生薬）や薬膳などの食事法、ヨーロッパの伝統医療であるフィトテラピー（植物療法）で使用されるハーブなどが、具体的には当てはまりま

図表3-3 ニーズボリューム調査結果

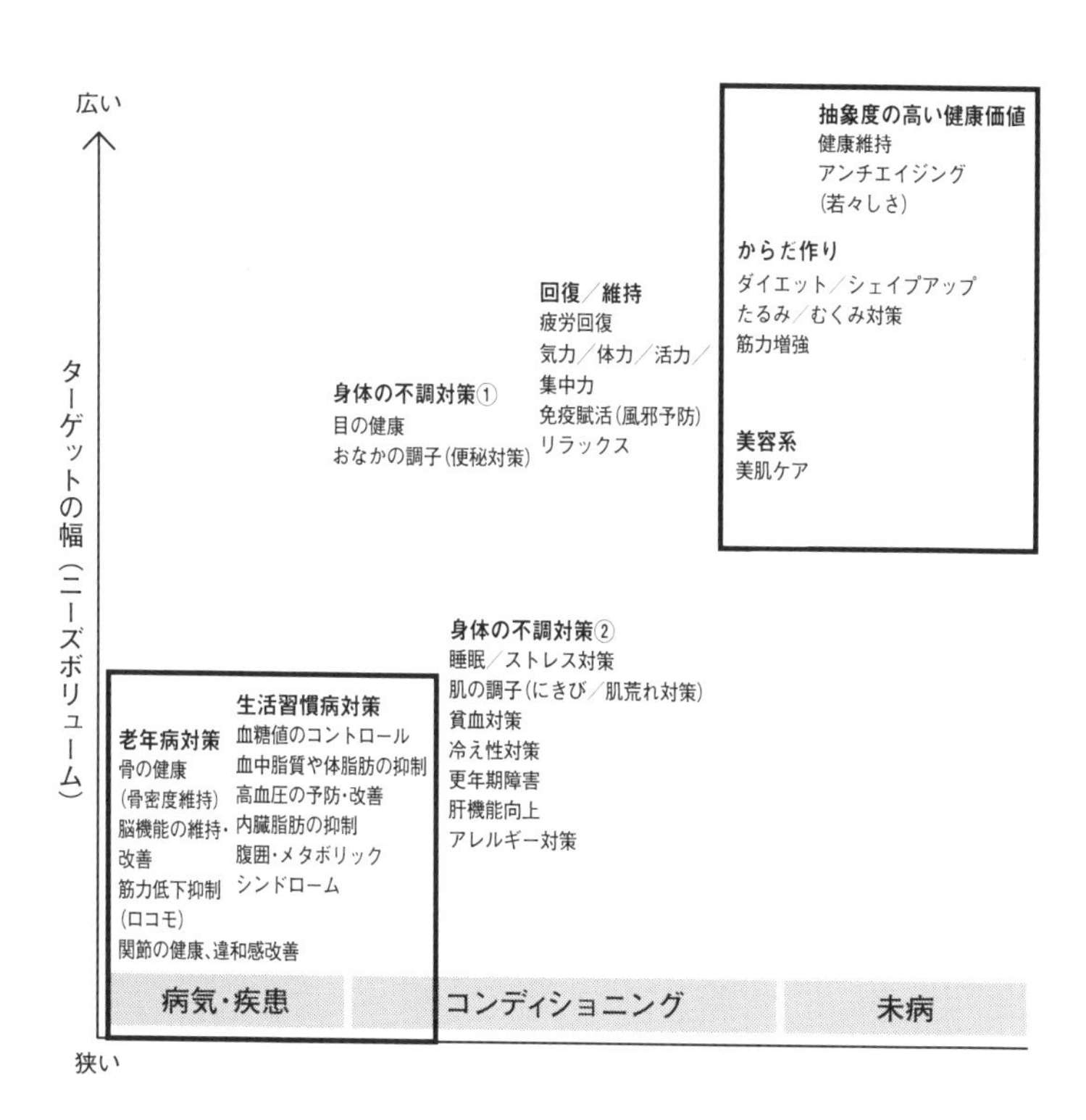

ウェルネス総合研究所『ウェルネストレンド白書 Vol.1』ニーズボリューム調査データをもとに作成

す。また、呼吸や瞑想などで心身をフラットな状態に整えるマインドフルネスも、近年非常に注目されています。

これらは本来もつ人間の自己回復力を高めることで、今ある健康を維持したり、疾患ではない何となくある不調を解消したりする全身的なアプローチといえます。

2 細胞再活性化などのライフサイエンスの最先端を担う素材

今まさに研究が進んでいる、最先端技術が生み出した新たな領域です。疲れや痛み、老化、慢性炎症の根本原因は、細胞の劣化（老化）にあります。ウロリチン、NMN（ニコチンアミドモノヌクレオチド）などの新しい成分だけでなく、カテキンやイソフラボン、リコピンなどのすでによく研究されている成分についても細胞を起点に考えると新しい可能性が見えてきます。もはや最新のライフサイエンスでは、細胞劣化を遅らせ、人生を全うする直前まで現役で働けるような商品の実用化は、夢物語ではありません。今後は、ホメオスタシスを保ち健康を維持していくとともに、テクノロジーによる細胞再活性化などをバランスよく取捨選択していくのが自然の流れでしょう。

以下では、上記に挙げた領域について、注目すべきコンセプトを2つ紹介します。

【コンセプト1】ホメオスタシス

コロナ禍で高まるホメオスタシス（恒常性）維持への関心

新型コロナウイルスが流行したことで、私たちのライフスタイルは大きく変わりました。リモートワークが定着したり、オンライントレーニングを活用する人が増えたり、ネットフリックスなどの動画配信サービスに加入したり……そして私たちの健康に対する意識も大きく変化したのではないでしょうか。

発酵食品を食べて免疫力を高めたい、規則正しい生活をすることで自然治癒力を高めたいなど、人間がもともともっているホメオスタシスの維持に関心が高まったのではないかと思います。

生体恒常性ともいわれますが、人間にはもともと、体内の環境を一定に維持する機能が備わっています。わかりやすいところでいえば、例えば、暑いときに体温を下げるために汗をかいたり、寒いときに体温を上げるために体を震えさせたりするのも、ホメオスタシス維持機能の1つです。ホメオスタシスは、次の3つの機能のバランスで成り立っています。

《自律神経》 自律神経は体をアクティブにする「交感神経」と、体をリラックスさせる「副交感神経」が対になって機能し、体調管理を自動で行ってくれます。意識して指示をしなくても、呼吸したり、体温を維持したり、食べたものが消化されたりするのは、すべて自律神経のおかげなのです。

《免疫系》 私たちの体には、細菌やウイルス、あるいは異物が侵入してくるリスクがあります。そうした外敵から体を守ってくれるのが、白血球を中心とした免疫というシステムです。

《内分泌系》 体を構成するあらゆる器官には、常に正常に働くためにホルモンと呼ばれる化学物質が届けられています。このホルモンをコントロールしているのが、内分泌系です。

これら3つの調整機能のバランスが崩れることなくホメオスタシスが正常なら、私たちが病気になることはありません。外的ストレスにさらされ続けたり、生活習慣や食生活が

図表3-4 ホメオスタシス(恒常性)維持

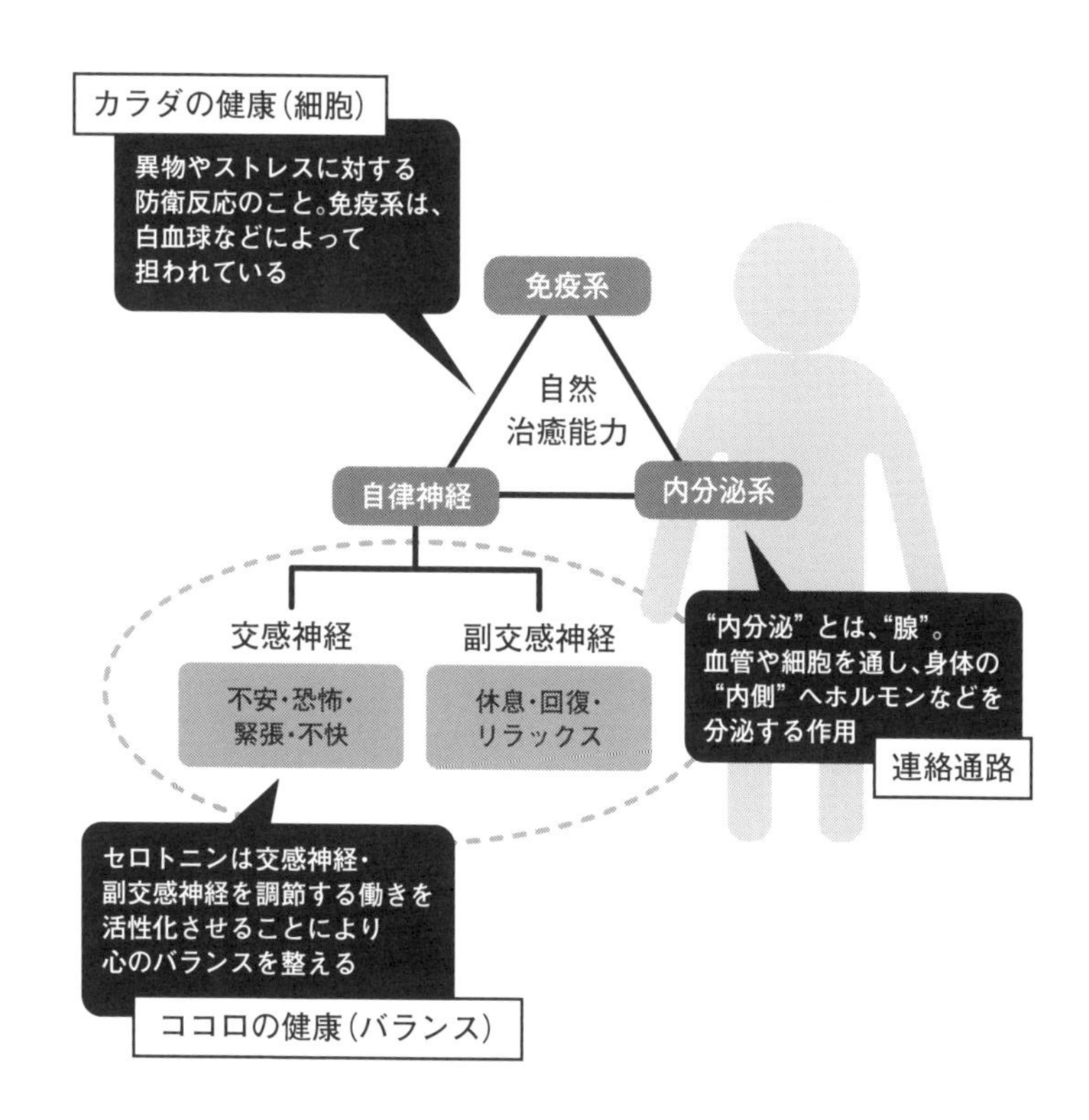

クオリティー「磁気コム」の図をもとに作成

乱れたりすることで3つの相互作用が崩れバランスが失われると、さまざまな病気や体の変調を引き起こします。体や心の病気になるのは、ホメオスタシスの3つの機能のどこかにトラブルが発生していることです。

自然治癒を促す伝統医療

投薬や手術といった方法で、体の悪い部分に直接アプローチする西洋医学に対して、東洋医学をはじめとした多くの伝統医療は、人間がもともともっているこのホメオスタシス維持にアプローチし、体の不調を内側から根本的に治す治療法です。

例えば、東洋医学では、体を巡る3つの要素（気・血・水）が、正常に体を構成する肝（かん）、心（しん）、脾（ひ）、肺（はい）、腎（じん）という五臓にいきわたることでホメオスタシス（東洋医学では自然治癒力）を維持できると考えます。

中国では西洋医学だけでなく東洋医学（中医学）も一般的なアプローチとなっており、コロナ禍にも抗ウイルス作用がある板藍根（ばんらんこん）や補中益気湯（ほちゅうえっきとう）をはじめとした漢方が注目され実際に治療に使われました。

また、16世紀以降にヨーロッパで体系化されたフィトテラピーももともと人の身体に備わっている力、自然治癒力を利用する治療であり、用いられるハーブや精油（アロマ）の効能の中にもホメオスタシスの機能を調整する働きがあると考えられています。

フィトテラピーで使用されるハーブは、色や香りそのものも有効成分であると考えられており、煎じ薬を基本とする漢方とは違い、入浴剤、クリーム、軟膏、オイルなどさまざまな剤形があります。

漢方同様に、フィトテラピーで用いられるローズマリー、クロモジ、アダプトゲンなどのハーブも新型コロナウイルスにおける有効性が研究されています。

このような人間がもともともっているホメオスタシス維持にアプローチする東洋医学やフィトテラピーなどの伝統医療が今、ライフサイエンスの分野で改めて注目されています。

ホメオスタシスを維持する食事

先述の伝統医療には、薬に頼らずにホメオスタシスを維持する方法があります。

例えば、薬膳です。

薬膳とは、東洋医学における中医学理論に基づいて健康によいとされる食材（生薬）を組み合わせた料理です。日本人からすると、薬膳には少し高価なイメージもありますが、実際は毎日の食事として摂取するものです。

台湾では、高麗ニンジンやアワビなどの高級食材を使う薬膳とは区別して、日常的に家庭で食べる健康にいい食事のことを「食養生」と呼んでいます。

またハーブティーを飲んだり、お風呂でアロマオイルの香りを嗅いだり、私たちはさまざまな形で自己回復力にアプローチする薬草を日々の暮らしの中で役立ててきました。

薬を飲まずに、毎日の食事や生活に薬草を取り入れることで細胞の老化を防げるなら、これほどいいことはありません。薬を創るには、開発資源も製造資源も必要になるわけですから、天然の薬草を取る薬膳やハーブなどのファイトケミカルは、持続可能なライフスタイルともいえるでしょう。

その他、手軽にホメオスタシス維持にアプローチする方法としては、良質な睡眠を取ることや、忙しい1日の中でも趣味に没頭する時間、音楽や運動を楽しむなどリラックスできる時間を少しでももつようにすることがあります。

ストレスをコントロールし、ストレスに強い身体を作ることで、薬に頼らずにホメオスタシスを維持することができます。

身体のバランスを調整するＣＢＤの働き

とはいえ、忙しい現代人は十分なリラックス時間を取ることもなかなか難しいものです。そんな現代人を支えるサプリメントとして、昨今、世界的に注目を浴びているのが「ＣＢＤ（Cannabidiol＝カンナビジオール）」です。

ＣＢＤとは、大麻（ヘンプ）の茎や種子から抽出される天然成分の一種です。人間の体内には本来、自分の身体を調節する機能であるＥＣＳ（エンド・カンナビノイド・システム）が備わっています。健康な生命体では、ＥＣＳが適切に機能していることで神経機能の働きのバランスが調整されており、その結果、ホメオスタシスが保たれていることが明らかになっています。

人間が生活していくうえで欠かすことのできない機能のバランスを整える、非常に重要な役割を担っているシステムですが、強いストレスや老化に伴って働きが弱るとさまざまな疾患になることもわかっています。

ＣＢＤに含まれる有効成分の植物性カンナビノイドを体内に取り入れることで、セロトニンやドーパミンなどの神経伝達物質に影響を与え、自律神経が整うため、ストレスを緩和し、不安を軽減してリラックス効果を得られるとのことです。

日本ではまだ認知度の低いＣＢＤですが、ＷＨＯも安全性を認め、米国やヨーロッパを中心に人気が高まってきており、ＣＢＤが含まれる商品は、さまざまな形状・形態に加工されて販売されています。

薬膳にしても、ハーブにしても、ＣＢＤにしても、どこかが痛くなったり、具合が悪くなったりしたときに対症的に摂取するものではなく、疾患そのものを生まない心身の状態を目指す日々の未病ケアのためのもの、人間がもともともっているホメオスタシスにアプローチするためのものです。

コロナ禍で関心が高まったこれらのホメオスタシス維持へのアプローチは、ライフサイエンスにおけるウェルビーイングビジネスとしても、理にかなっているといえるのではないでしょうか。

【コンセプト2】細胞老化

細胞は生命を構成する最小単位

私たちの身体は約37兆個の細胞から構成されていますが、もとをたどると受精卵と呼ばれるたった1つの細胞です。細胞の設計図であるDNAに描かれた「正しい遺伝子情報」をコピーして、細胞分裂と増殖を何度も繰り返しながら、さまざまな臓器や組織にふさわしい姿になっていきます。

そして、いったん臓器や組織ができあがると、それ以上増えることはありません。それぞれの細胞は無秩序に分裂することはなく、必要なときに必要なだけ分裂するように「細胞周期」でコントロールされているのです。

細胞の健康を脅かすリスクとは

実は、細胞内のDNAは放射線、紫外線、化学物質などの外的要因、および細胞の代謝過程で発生する活性酸素などの内的要因により、毎日損傷を受けています。

この損傷は細胞周期の過程で修復されるため、大事には至らないのですが、何らかの原因で損傷の発生と修復のバランスが崩れると、DNAに損傷が蓄積してしまい、「DNAのコピーミス」の発生リスクが高まります。

正しく複製されなかった細胞は、それぞれの臓器や組織で異常な挙動を示し正しく機能しないばかりか、分裂が止まらず細胞が際限なく増殖してしまうことがあります。増えすぎた細胞はやがてまわりの組織や他の臓器に入り込んで、体を衰弱させます。これが、がんです。

健康を保つために体に備わっているプログラム

DNA損傷によって正しく複製されなかった細胞が身体に存在し続けることは、生命を維持していくうえで大きなリスクとなります。そのため、私たちの細胞には、自動的にプログラムされているリスク回避の仕組みがあります。

1つは「アポトーシス」と呼ばれる「細胞の自殺」です。修復不可能な損傷を負った場合、周囲の細胞に悪影響を与えないように自動的に死滅する、いわば「自滅プログラム」といえるでしょう。

もう1つのプログラムとして「細胞老化（Senescence）」があります。

細胞の分裂には「テロメア」という領域が欠かせません。テロメアは分裂を行うたびに短くなっていき、限度を超えて短くなるとこれ以上分裂ができなくなってしまうことから「命の回数券」などと呼ばれることがあります。この細胞分裂をできなくなった細胞のことを老化細胞と呼びます。細胞老化とは、まだ十分にテロメアが残っているにもかかわらず、不可逆的に分裂を停止させ、自らを「老化細胞化」してしまう現象のことです。いわば、細胞に備わった「緊急停止プログラム」といえるでしょう。

細胞分裂できなくなった「老化細胞」

自ら死滅するアポトーシスとは異なり、細胞分裂もせずに生体内において長期間生き続ける老化細胞は「ゾンビ細胞」とも呼ばれます。細胞老化は、短期的に見れば細胞のがん化のリスクを回避する点で身体に必要ともいえますが、長期的な視点で見ると実は厄介な仕組みであることが、近年の研究で明らかになってきました。

老化した細胞が体内に蓄積していくと、さまざまな炎症性サイトカインを産生・分泌させる「細胞老化関連分泌現象（ＳＡＳＰ）」を引き起こします。この現象は本来、老化細胞が自らを始末するためにあらかじめ備わったシステムであるといわれています。分裂を停止した老化細胞は、身体にとっては不要な存在といえますから、ＳＡＳＰを引き起こすことによって、白血球などの免疫細胞を呼び寄せ、自らを始末してもらうのです。

しかし、過度に老化細胞が蓄積されるとその限りではありません。年齢や生活環境の影響で免疫細胞がうまく働いていなかったり、細胞老化が頻繁に起こったりして、老化細胞が過度に蓄積してしまうと、ＳＡＳＰによって放出され続ける炎症物質が、周囲の健康な臓器や組織に慢性的な炎症を誘発し、身体機能の不具合を引き起こすからです。

ＳＡＳＰが原因で慢性炎症が生じると、心血管疾患、糖尿病、白内障、慢性閉塞性肺疾患、アルツハイマー型認知症、骨粗鬆症（こつそしょうしょう）、変形性膝関節症など、さまざまな病気につながることが近年の研究でも明らかになっています。

最先端のライフサイエンスによる細胞の健康法

このように、私たちの身体の中では「細胞」が適切に働ける環境が維持できるように、緊急対処も含めて仕組み化されています。何らかの原因でこの仕組みが乱れることで、私たちの健康は損なわれてしまいます。では、その仕組みを維持するためにはどのような方法があるのでしょうか？　最先端のライフサイエンスでは、これを解決する可能性が見えてきています。

細胞の防御力を高める、細胞の修復力を高める、老化細胞を選択的に除去するなど複数のアプローチ方法がありますが、詳細は研究者へのインタビューをもとにした次章の記事（Section2・11）にありますので、そちらをご覧ください。

ライフサイエンスの観点から細胞老化のメカニズムへの新たな理解が進むことによって、健康長寿や加齢性疾患の新たな制御・予防法が確立されていくことが期待されています。誰もが老化を遅らせて、予防できる時代が、もうそこまで来ているということです。

Chapter 4 最新研究と具体的な取り組み

Chapter 4のSection 1～8、11は、日経電子版「NIKKEI STYLE」の連載「人生を豊かにするスローエイジング最前線」(2022年3月9日～12月5日)からの転載記事で、書籍化にあたり一部修正を行っています。
Section 9、10は、本書の書き下ろし記事となります。

人生100歳時代に必須「老化」時計を遅らせる新研究

人によって老化速度にはかなり差があることがわかってきた。高齢になってからではなく、なるべく早く、若いうちに、自分の老化を進めるリスク因子を知って対策を始めるほど、寿命が延び、生活も豊かなものになる——。これを裏付けるデータ、自分の老化ペースを知る検査、老化を制御する技術が登場している。老化制御のサイエンスは、世界で最も高齢化が進む日本の未来を変える起爆剤になるかもしれない。これからの人生を豊かにするスローエイジングの世界を見ていこう。

若くても老化ペースには大きな違いが

同じ街で同じ年に生まれた45歳でも、最も老化が進んでいる人は、平均より脳年齢で3・79歳、見た目が4・32歳も老けていた――。

これは、ニュージーランド南島のダニーデン市で1972年から73年に生まれた約1000人を26歳から45歳までの20年間追跡した研究（ダニーデン研究）が明らかにしたもの。

45歳はまさに働き盛り。老いを意識するには早すぎる年だ。遺伝的な要因も影響している可能性はあるが、その人がどんな生活を送るかによって、老化速度に大きな差が生じることがわかってきた。

この研究では、血糖コントロールの状況を表すHbA1c（ヘモグロビンエーワンシー）（糖化ヘモグロビン）値、心肺機能、ウエスト／ヒップ比など研究参加者の生体データ19種類から老化ペースを算出しているが、暦年齢が1年進む間に2・4年以上老化が進んでいた人から、0・4年しか進んでいなかった人までいて、大きな差がついていた（図表4-1-1）。

老化ペースが速い人たちは、見た目から、歩く速度、脳および認知機能までが総じて老化していたという[1]。

図表4-1-1 老化ペースは人によって差がある

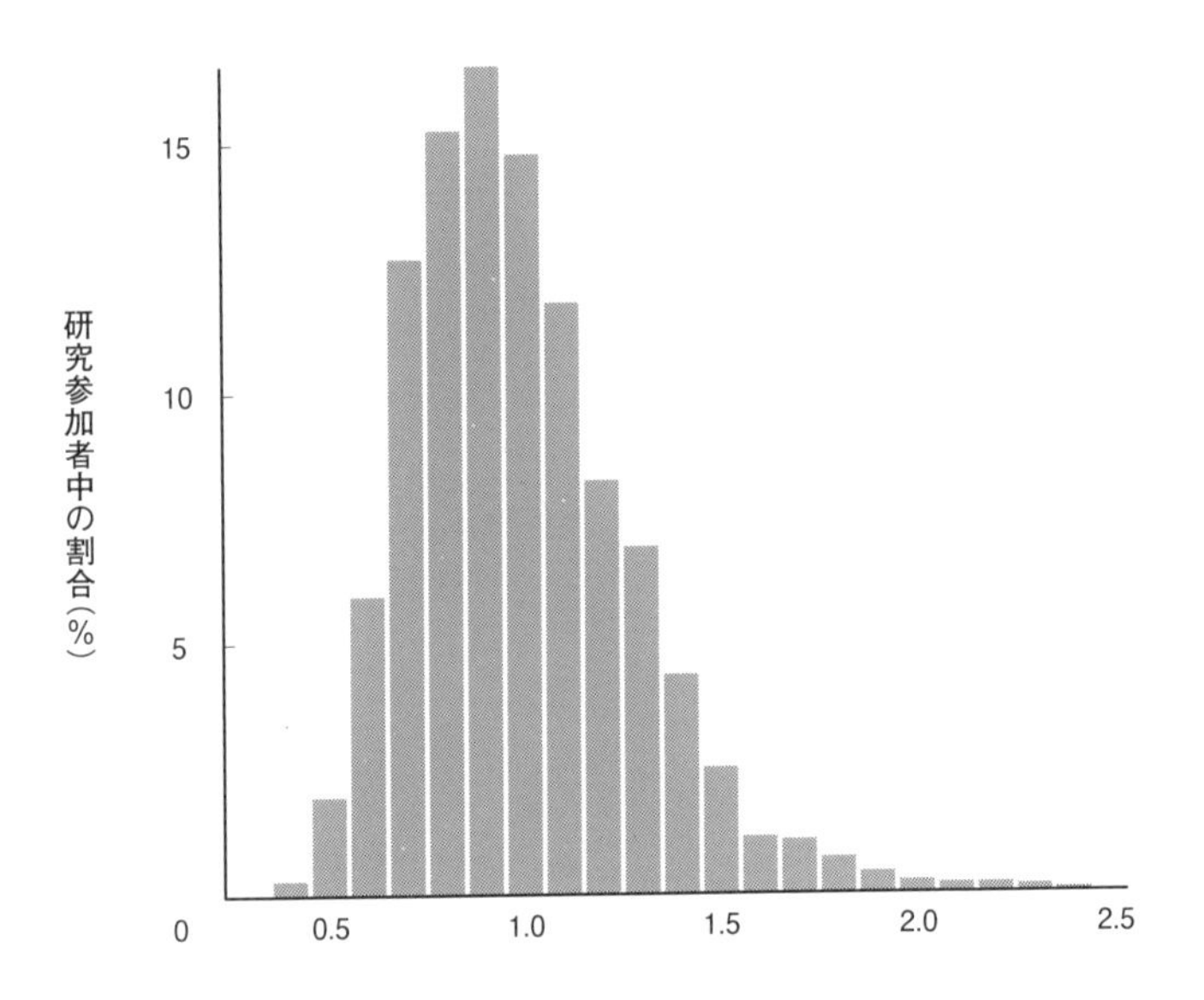

ダニーデン研究参加者のうち955人分の生体データをもとに、各人の26歳から45歳までの20年間の老化度を計算し、1年の間にどのくらいのペースで生物学的年齢が進んだかを数値化。すると、老化ペースは大きなばらつきを示した。1年に0.4年しか老化していない人がいる一方、最も老化速度が速い人では年に2.44年も老化が進行していた。(データ:Nat Aging.2021 Mar;1(3):295-308. より改変)

つまり、まだ十分若い時期から老化は確実に進んでいて、そのペースは人によって大きく異なるというのだ。

裏返せば、自分の老化スピードとそのペースを速めている原因がわかれば、〝スローエイジング〟のための手を打つことが可能になるかもしれない。

ダニーデン研究は、研究参加者の生体データから老化ペースを予測するDunedinPoAmという〝老化時計（Aging Clock）〟を作り、その予測精度の検証と応用を進めている。この時計以外にも、DNAのメチル化率（化学修飾された遺伝子レベルの率）、血中の免疫関連たんぱく質、心電図などさまざまなデータをもとにした老化時計が開発されており、近い将来、こうした指標による老化ペース検査も始まりそうだ。

日本抗加齢医学会理事長で、老化時計を研究する近畿大学アンチエイジングセンターの山田秀和客員教授はこう言う。「これまでの研究から、寿命には7割程度、生活環境因子が影響すると考えられる。そこで、老化時計で自分の老化ペースを知り、食事、運動、メンタルなどの生活環境因子を変えることで老化を抑制しようとする研究が日進月歩している。世界で最も高齢化が進んでいる日本にとって、元気な高齢者を増やすためにもこうした研究は重要だが、それ以上に、人口が減り続けている若い世代がこうした科学技術の恩恵を受け、健康で活動的に生きる年月を延ばすことができたら、希望のある未来像が描けるし、消費市場の活性化も見込めるだろう」。

スローエイジングは早く始めるほど得るものも大きい

１００年の寿命は普通という時代が現実味を帯びつつある。しかし、健康にいきいきと過ごせなければ、長寿であっても必ずしも幸せとはいえない。サルコペニア（加齢による筋肉量の減少および筋力の低下）、がん、認知症など老化によって発症リスクが高まる疾患は多い。老化ペースを緩やかにすることができれば、こうした加齢性疾患の発症低下につながる。

また、山田客員教授が指摘するように、なるべく早く若いうちに老化ペースを緩やかにする生活を始めるほど恩恵は大きい。最近、食事面からそれを示唆する研究が発表された。食事を何歳時点で健康的な内容に改善するかで平均余命（その時点からの生存期間）がどれだけ変わるかを見たものだ[2]。

この研究は、世界中の国々の疾病・傷害とそのリスク要因をまとめた「世界の疾病負荷研究（Global Burden of Disease Study）２０１９年版」と、食事が死亡率に与える影響を分析した多くの研究を統合解析して評価している。

砂糖入り飲料、精製穀物、赤身肉、加工肉、卵などが多い「西洋型の食事」から、豆類、全粒穀物（玄米、雑穀など精製されていない穀物）、魚、果物、野菜が多い「健康的な食生活」に変える時期が早ければ早いほど、平均余命が延びるという結果になった（図表4－1－2）。

20歳で西洋型の食事から健康的な食事に変更すれば、女性で10・7年、男性で13・0年平均余命が延長する可能性があり、食品別では、豆類や全粒穀物の摂取量を増やすと効果が大きかった。

「世界の社会経済活動を停滞させた新型コロナウイルス感染症は、高齢者や基礎疾患をもつ人ほど重症化リスクが高いこと、免疫も老化によって低下することを、まざまざと私たちに知らしめた。若さを守ることができるなら、それは老化やそれに伴ってリスクが高まる疾患に対する最大の防御であることを明らかにしたともいえる。2019年にWHO（世界保健機関）が、医療機関で診断基準などに使われる国際疾病分類を約30年ぶりに改訂して公表したが、老化を疾患として扱う〝老化関連（XT9T）〟という補助的なコードを新設した。老化を病の1つとしてとらえ、対策を打つ時代が来ようとしている」（山田客員教授）。

一方で、予防政策にかかる費用が治療費より低いとは限らず、高度医療や終末医療にか

図表4-1-2 食品の摂取量を最適化する時期が早いほど平均余命が延びる

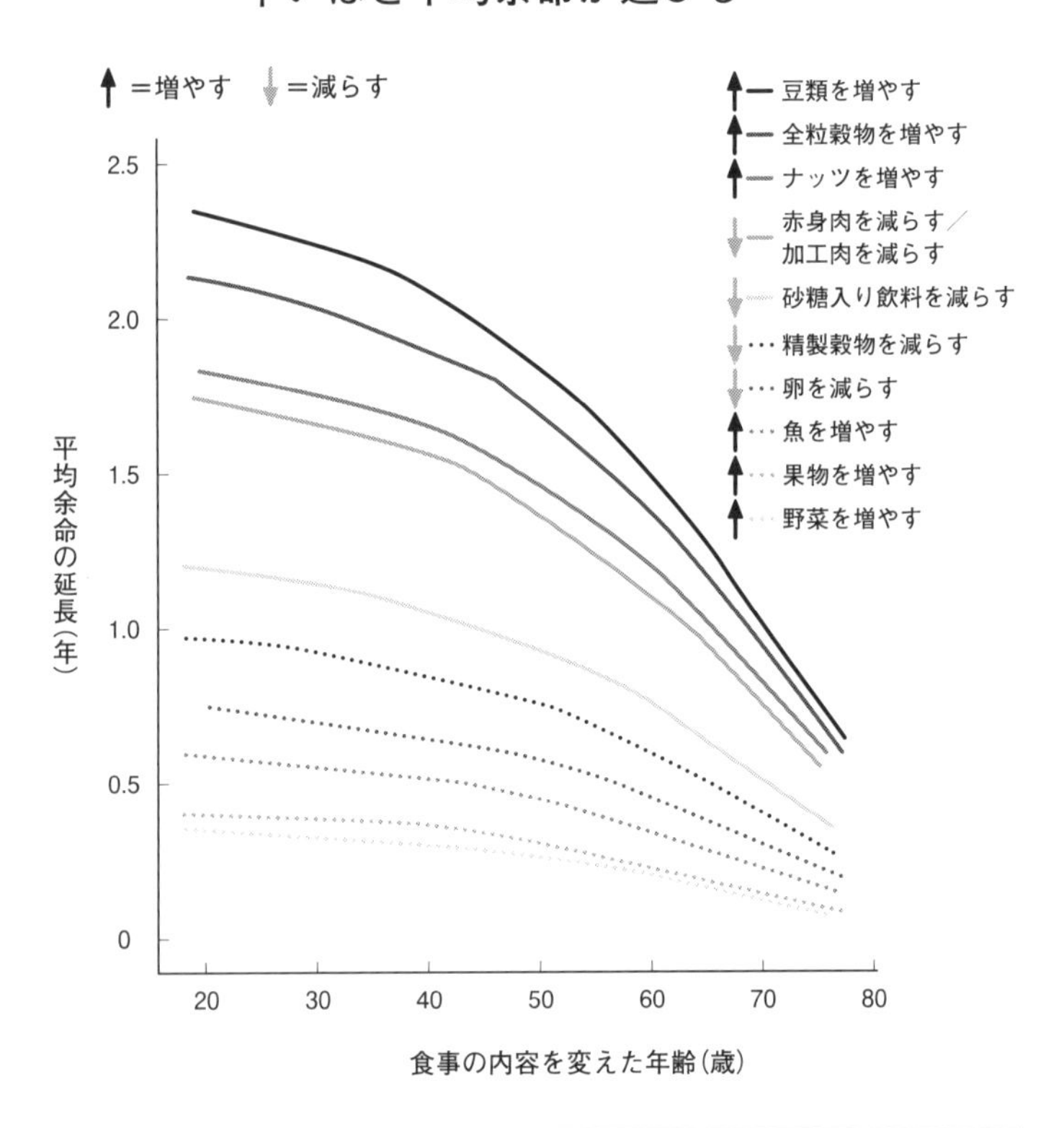

それぞれの食品ごとに、最適な摂取量に変える時期によって平均余命がどれだけ長くなるかを推計したグラフ。最も余命延長効果が大きい「豆類」の場合、最適摂取量は1日200g、全粒穀物は炊飯状態（もしくは水分を含んだ状態）で225gなど、食品ごとの最適摂取量をもとに計算。摂取量を増やして最適量にもっていくべき食品には↑、減らして最適量にもっていく食品には↓を付けている。若いうちに変えるほど余命が延びることがわかる。（データ：PLoS Med.2022 Feb 8;19(2):e1003889. より改変）

なりの医療費がかかることなどを踏まえると、健康寿命（健康上の問題で日常生活が制限されることなく生活できる期間）が延びても医療費削減効果が確実に得られるとはいえないという指摘もある。こうした考え方に対し、予防はそもそも大きな市場創出効果をもつとするのが、老化研究の第一人者で、ハーバード大学医学大学院のデビッド・A・シンクレア教授と経済学者のグループだ。

彼らは17年の米国の国勢調査をベースに平均余命の延伸による経済効果を試算し、米国民全体の平均余命が1年延伸すれば、37兆6000億米ドルもの総支払意思額（WTP＝Willingness to Pay）が生まれると発表した。WTPとは、消費者が製品やサービスに使ってもいいと思う金額。つまり、「老化を遅らせて元気な期間を延ばすことは、医療費削減以上に大きな経済的利益を生む」というのだ[3]。

日常生活での利用が期待できる老化制御法

老化の分子メカニズムが解明されてきたことを受け、実際に老化ペースを抑制したり、いったん進んだ時間を巻き戻して若返りを図ったりする技術の開発が進んでいる。「この分野で大きな成果が生まれれば、宇宙開発に勝るとも劣らないフロンティアが開かれる可能性がある」（山田客員教授）。

再生医療により、細胞をリプログラミングして臓器・組織を若返らせる医療が現実となり、一般の人が予防用途で利用できるようになるまでにはまだまだ時間がかかりそうだが、スローエイジング効果が期待でき、私たちが予防的に利用できそうな方法にはどのようなものがあるのだろう。

図表4－1－3は、国際的な老化研究グループが2020年時点でまとめた〝ヒトの老化を遅らせることが期待される薬品・食品成分候補〟。日経BP総合研究所メディカル・ヘルスラボ企画・編集による『抗加齢・老化制御 最新医療／ビジネス総覧』（日経BP）に掲載されたものだ。

本書ではそれぞれに詳しく触れないが、例えば食品に含まれる成分では、納豆などに多いスペルミジン、サプリメントで親しまれているグルコサミン以外にも、「老化細胞除去薬」候補として、イチゴに含まれるフィセチン、タマネギに多いケルセチンのようなポリフェノールも挙がっている。いずれも本格的なヒトでの効果実証はこれからという段階だが、私たちが日常口にする食品の中にも注目成分がある。

ヘルステックや機能性をもつ食品のマーケティング・コンサルティングを行うインテグレートの藤田康人代表取締役ＣＥＯは、実際に商品が動き始めている老化制御市場のキー

図表 4-1-3 ヒトへの抗老化効果が期待される薬品や食品成分と改善の可能性がある老化因子

	DNA損傷	テロメアの短縮	エピジェネティックな変化	たんぱく質の恒常性の喪失	栄養を取り込む力の低下	ミトコンドリアの機能不全	細胞老化	幹細胞の枯渇	細胞間のコミュニケーションの変化
ラパマイシン（免疫抑制薬）				○	○	○	○	○	○
老化細胞除去薬（セノリティクス）							○		○
メトホルミン（抗糖尿薬）					○		○		○
アカルボース（抗糖尿薬）			○		○				
スペルミジン（納豆などに含まれる化合物）			○	○		○		○	○
NADブースター（NMN、NRなど）									○
NSAIDs（抗炎症薬）					○				○
リチウム（気分安定薬）		○		○		○			
逆転写酵素阻害薬（NRTIなど）	○								
体循環促進因子（GSF-11、TIMP2など）			○					○	○
グルコサミン（天然のアミノ酸）				○	○	○			
グリシン（天然のアミノ酸）					○				○
17αエストラジオール（女性ホルモン）					○				○

これまでの研究を分析し、老化因子を改善できるメカニズムをもち、動物実験など基礎的な試験でその効果が実証されていること、ヒトの臨床試験が始まって興味深い結果が出ていることなどを基準に研究グループが選んだ「ヒトの老化を遅らせることが期待される薬品・食品成分候補」。表中の○は、同表の左に記された素材が改善できる可能性がある老化因子。（出典：『抗加齢・老化制御 最新医療／ビジネス総覧』（日経BP）の第2章〈福島安紀著〉に掲載 Nat Rev Drug Discov. 2020 Aug;19(8):513-532. より改変）

ワードとして、〝細胞再活性化〟と〝心身の恒常性維持〟を挙げる。

細胞再活性化では、「劣化した細胞を掃除して新陳代謝するオートファジー（自食作用）機能をもつ素材や、老化を制御する遺伝子サーチュイン（老化した細胞を再活性化させる遺伝子）のスイッチを入れるＮＡＤブースター※と呼ばれる素材などに動きがある」という。

※ＮＡＤの正式名称はニコチンアミドアデニンジヌクレオチド。すべての細胞内ミトコンドリアでのエネルギー産生に欠かせない補酵素で、長寿遺伝子と呼ばれヒトでは77種類確認されているサーチュインのすべてを刺激するが、加齢により減少する。ＮＭＮを摂ると体内で速やかにＮＡＤに変換されるため、ＮＡＤブースターと呼ばれる。

オートファジーを誘導するとされる素材では、ザクロなどに多く含まれるポリフェノール・エラグ酸からヒトの腸内細菌が作り出すウロリチン、サーチュインを活性化するＮＡＤブースターでは、いろいろな食品に微量に含まれるＮＭＮ（ニコチンアミドモノヌクレオチド）というビタミン$Ｂ_3$の仲間などがサプリメントとして登場し、話題を呼んでいる。

こうした西洋医学的アプローチの一方で、ヒトがもつ力を引き出し、心身の恒常性（ホメオスタシス）を維持する東洋医学の考え方も改めて注目されている。例えば、漢方の処方の1つである補中益気湯（疲れや食欲不振などに効果があるとされる漢方薬）ではオートファジー誘導作用や、細胞内エネルギー代謝の恒常性を改善する働きなども確認されている。

「お隣の台湾では、心身のバランスを重視する食養生理論に基づく〝薬膳スープ〟や〝薬膳茶・ドリンク〟が食品として市販され、親しまれている。こうした薬膳レシピには日本で食品として使えない生薬も含まれるため、同じような作用をもつ素材に置き換えて日本向きにアレンジした薬膳食品を販売しようとする動きもある」（藤田ＣＥＯ）。

20代男性が今後の健康市場のカギになるかも

これまで、健康食品など健康維持・予防関連商品のユーザーは、主に50代以上の女性が中心となってきた。しかし、新たな層も生まれているようだ。意外にも若い男性世代の中に。

藤田ＣＥＯが理事を務める、健康・ウェルネスに関する研究機関、ウェルネス総合研究所は10代から70代までの男女約４８００人を調査し、健康意識や行動をまとめた『ウェルネストレンド白書』を２０２１年末に発刊した。

このリポートは、調査の回答結果から健康関連の消費をリードしていると想定される「健康ストイック層」「健康コンシャス層」など7つのクラスターに分類してその特性をまとめている。

なかでも、すでに認知度が高い健康食品・素材にはあまり関心を示さず、筋トレなどの運動に積極的に取り組む「トレーニング大好き層」は、全体の6・1%と一番の少数派で、やや異色という位置付けだ。しかし、20~30代男性をコアとするこの層は、どの層よりも、まだ認知率が低いウロリチン、NMN、そしてさらに漢方の補中益気湯といった、老化制御機能で注目されている最先端の素材に高い関心を示している。

電通が07年から継続して実施している20~70代の男女を対象とした『ウェルネス1万人調査』でも似たような傾向が見られる。ここ数年、20代男性で健康意識・行動が多岐にわたる「健康アクティブ層」の割合が最も高くなっており、「話題の/新しい健康法は実践してみる」というスコアも、男女含めた全世代中で20代男性が最も高い。

長く続く経済低成長時代に多感な時期を送ってきた経験や、不安を抱えて高齢期に入りつつある親世代を反面教師として、〝自分の健康は自分で守る〟という意識が芽生えているのかもしれない。理由はどちらの調査でも定かになってはいないが、20代男性の中に生まれている新しい健康意識をもった層が、若さと健康を維持することの価値を理解し、それを実現する老化制御研究の成果を身をもって示しつつ消費市場まで変えていくとすれば、日本の未来の青写真も異なったものになってくる可能性はある。

前述の山田客員教授は、25年に開催される「大阪・関西万博」の大阪パビリオンでヘルスケア・先端予防ドックのディレクターを務める。再生を意味する「REBORN」をテーマにする同パビリオンでは、アンチエイジング・ライドと呼ぶ乗り物に搭乗している間にその人の生体データを分析し、未来の自分を仮想体験してもらう計画だ。

山田客員教授はこのライドを通して、「特に、若い人たちが長い期間、元気に活動することを可能にする社会が訪れることを示したい」と意気込む。

日本は、今、国を挙げてそのような未来を目指さなければならない踊り場に立つ。

Section 2

細胞が若返る オートファジー機能 活性化で 老いを抑制

年を重ねるとともに老化するのは仕方のないこと――それは思い込みで、近い将来、もしかしたら覆されるかもしれない。ノーベル生理学・医学賞でも注目された「オートファジー」の研究が急速に進み、加齢に伴って増える病気や老化そのものを抑え込める可能性があることがわかってきた。オートファジーの仕組みとは？　日々の生活習慣や食品でこの機能の低下を防いだり高めたりすることができるのかについて、産学官一体となった活動の中心となり、オートファジー研究を推し進める大阪大学大学院生命機能研究科・医学系研究科の吉森保栄誉教授に聞いた。

日々、細胞をメンテナンスする調整役の「オートファジー」機能

老化すると顔にシワが刻まれ、体力もなくなってくる。これは一種の「経年劣化」で、年をとれば誰もがそうなる、ととらえる人が多いだろう。しかし、「生物というくくりで広く見ると、死なないベニクラゲや年をとらずにあるとき突然死ぬハダカデバネズミなど、いろいろな種がいます。では、なぜ人間は老化し死ぬのか。そのスイッチの在処(ありか)がわかれば解除することもできる、というのが私の考え」と話すのは、吉森栄誉教授だ。

吉森栄誉教授の研究対象は「オートファジー」。「オート」とはギリシャ語で「自分」、「ファジー」は「食べる」で、細胞が自らの成分を分解する「自食作用」のことをいう。大隅良典東京工業大学栄誉教授がオートファジーをつかさどる設計図となる遺伝子を酵母から発見した功績により、2016年にノーベル生理学・医学賞を受賞。ともに研究に携わってきた吉森栄誉教授は現在、動物やヒトでの応用も踏まえて研究を進めている。

オートファジーとは「細胞の内側で日々営まれている回収と分解、リサイクルの仕組みのこと」(吉森栄誉教授)。「隔離膜」がゲームのパックマンのように細胞の中にある物質を包み込み、球体の「オートファゴソーム」になると、消化酵素を備える「リソソーム」という器官と混じり合い、「オートリソソーム」に。オートリソソームの中ではたんぱく

図表4-2-1 細胞の内側で日々こまめに行われているお掃除＝オートファジー機能

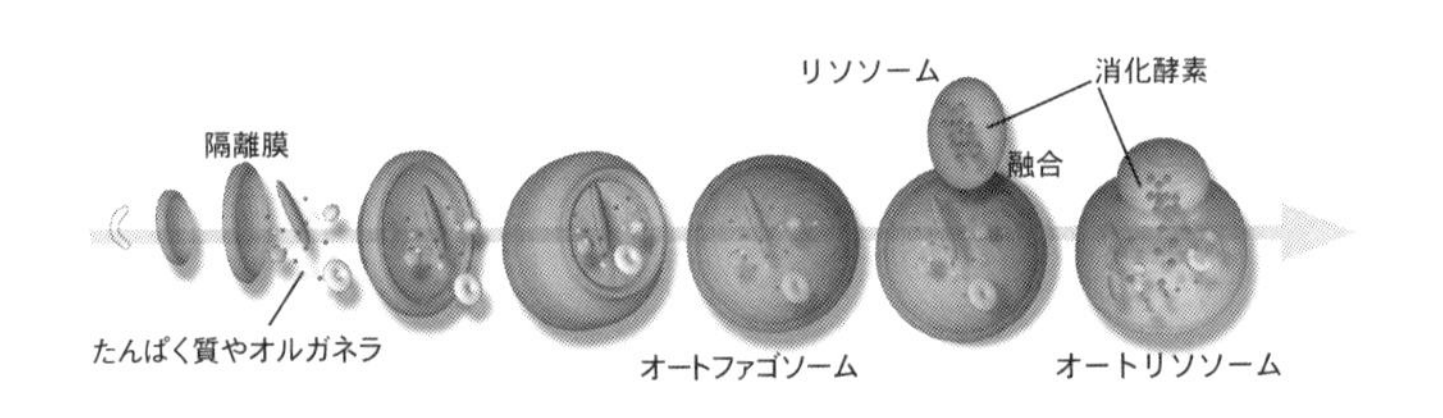

細胞内に現れた「隔離膜」がその周囲にあるたんぱく質や細胞小器官（ミトコンドリアなどで、オルガネラともいわれる）を包み込み、丸い袋状の「オートファゴソーム」になる。「オートファゴソーム」は消化酵素が入った「リソソーム」と融合し「オートリソソーム」になると、たんぱく質やミトコンドリアなどを分解、アミノ酸にして新しいたんぱく質にリサイクルしたり有害物質を排除したりする。この一連の働きを「オートファジー」という。（画像提供：吉森栄誉教授）

質などが分解され、再利用される（図表4－2－1）。

「私たちは1日に70gほどのたんぱく質を食事から摂っているが、それ以外にこのオートファジーのみで1日に240g、ステーキ1枚ぐらいのたんぱく質を作り出している」（吉森栄誉教授）。

オートファジーが作り替えるのは「1日当たり細胞の中身の1～2％ほど」（吉森栄誉教授）だが、これが約37兆個ある全身の細胞すべてで行われる。

わかってきた多彩な働き　細胞の若さを保ち病気を予防抑制

細胞の中のものを包み込むオートファゴソームの直径は1㎛（1㎛は1㎜の1000分の1）。こんな小さな世界で行われているオートファジーだが、実に多彩な働きをしていることがわかってきた。

オートファジーが体に果たす働きは、大きく以下の3つに分けられる。

1　飢餓状態のときに栄養を作り出す

飢餓状態になったときに、細胞の中身を分解して栄養源にする。ほぼ飢餓に近い状態で生まれてくる出生時のマウス体内では活発にオートファジーが起こっていることから人間でも同様だと推定される。

2　細胞内の新陳代謝を行う

日々、細胞の内側で分解と合成を繰り返す。「少しずつ、中身を壊しては新たなものを作るという働きは、車の部品を毎日少しずつ新品に交換することと同じ。オートファジーが続く限り、細胞は数十日単位で新車の状態に生まれ変わる」（吉森栄誉教授）。

図表4-2-2 体に有害な物質を見分け、取り込む

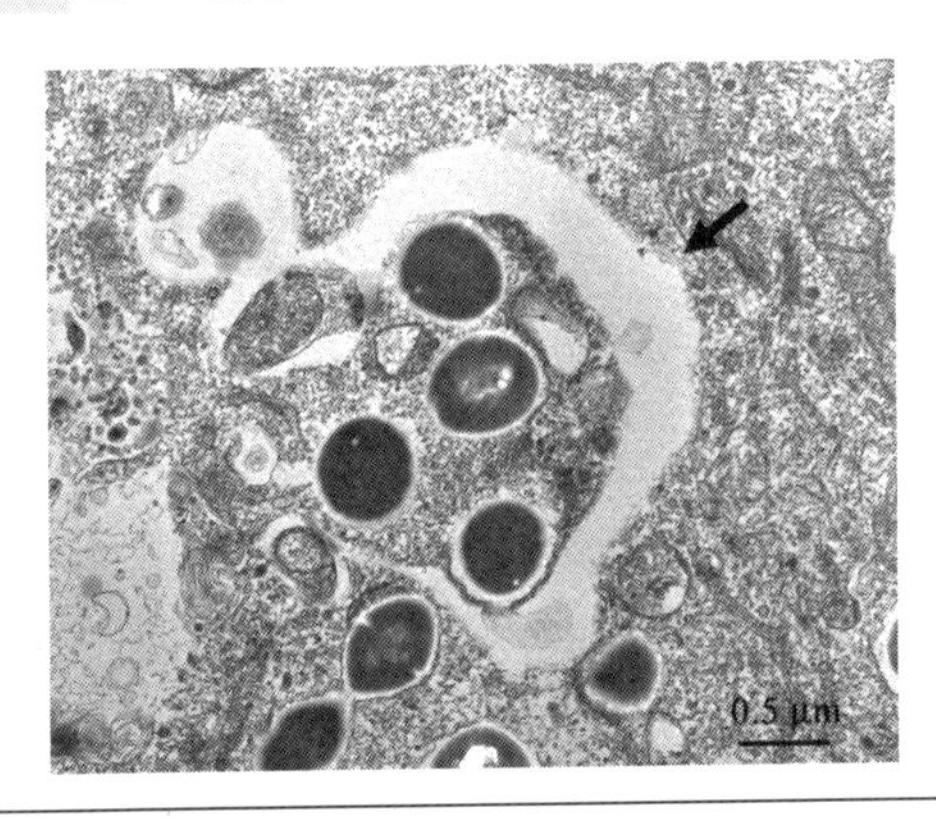

オートファジーによって病原性のA群レンサ球菌が包み込まれている瞬間を電子顕微鏡でとらえた画像。（画像提供：吉森栄誉教授）

オートファジーの仕組みは全身に約37兆個ある細胞すべてで起こっているが、特に重要なのが神経細胞や心臓の心筋細胞での働きだという。

「胃や腸の表皮細胞は1日、赤血球は3〜4カ月のサイクルで細胞が入れ替わるが、神経細胞や心筋細胞はほぼ一生入れ替わらないまま。だから、これらの細胞でオートファジーが正常に働かないと病気になりやすくなる。実際にオートファジーが働かない状態にしたマウスでは脳の神経細胞に問題が生じ認知症のような症状が出たり、心不全になったりすることがわかった」（吉森栄誉教授）。

3　体にとって有害な物質を狙い撃ちして除去する

オートファジーは細胞内にあるものをなんでもパクパク取り込んで分解する仕組みだと考えられてきたが、吉森栄誉教授はオートファジーには体に有害になるものを見分け、狙い撃ちして取り込む働きがあることを世界で初めて発見した[1]（図表4－2－2）。つまり、病原体を攻撃する「自然免疫」のような役割もオートファジーは果たしているのだ。

オートファジーが狙い撃ちするのは、病原体だけでなく、体内で増えると問題を起こす塊状態のたんぱく質（アルツハイマー病やパーキンソン病の原因となる）、穴が開いたミトコンドリアなど（活性酸素が漏れ出す）。「異常な排除すべきものだけに目印がつき、それを見分けて排除するという非常によくできた仕組みがあることもわかってきた」（吉森栄誉教授）。

60歳頃からオートファジーの働きは低下

多様な役割を担うオートファジーだが、その働きは加齢とともに低下すると考えられている。「おそらく、オートファジーは60代ぐらいを超えると急速にその働きが低下する。各種の動物で加齢による低下が観察されているし、ヒトの免疫細胞などでも確認されてい

図表4-2-3 オートファジーのブレーキをなくすと寿命が1.2倍延びた

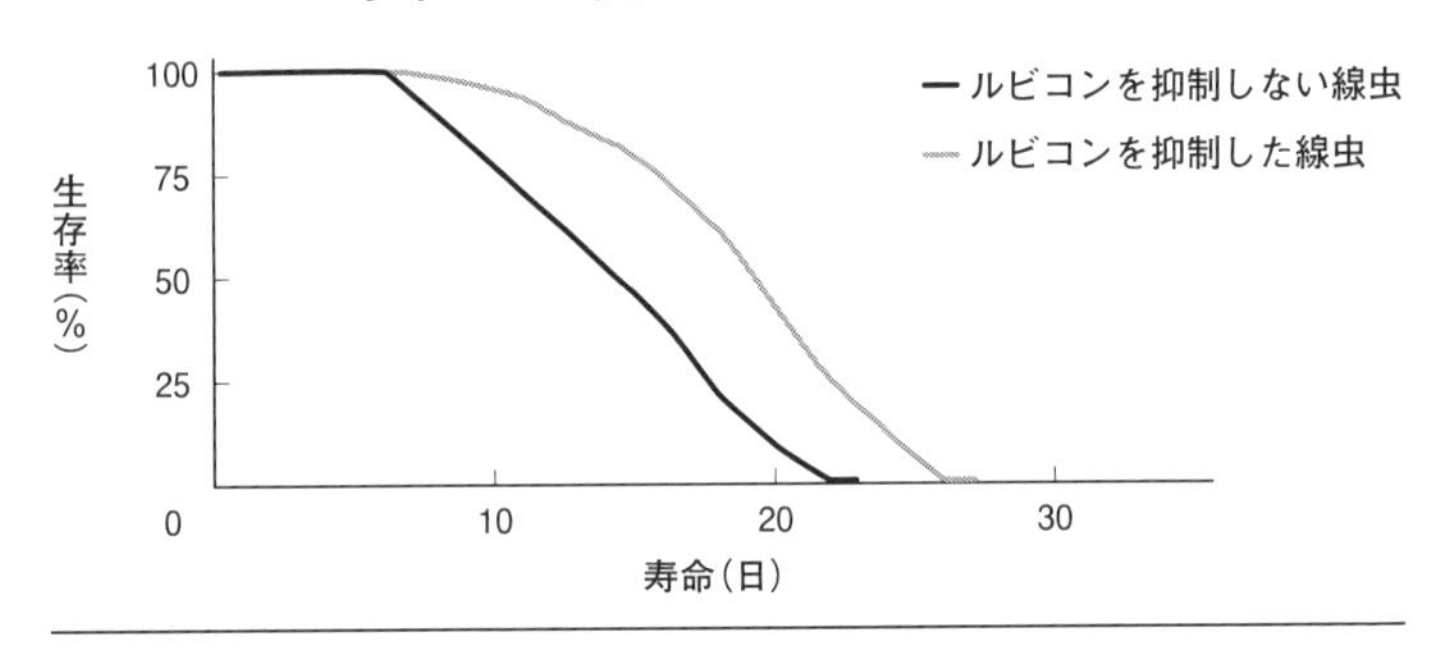

加齢に伴うルビコンの発現を調べると、線虫、ショウジョウバエ、マウスの腎臓や肝臓で、加齢とともにルビコンが増加。そこでルビコンを人工的な遺伝子発現によって抑制した線虫で寿命をみると、抑制をしなかった線虫よりも寿命が 1.2倍延長した。(データ：Nat Commun. 2019 Feb 19;10(1):847.)

る。抗体産生の低下やがん、パーキンソン病などオートファジーと関連する病気の発症率がこの年代で一気に増えることと関係があるかもしれない。まだ仮説の段階ではあるが、ある年齢に達してオートファジーが低下してしまうことが発がん率を高める大きな要因になっている可能性がある」(吉森栄誉教授)。

老化によってオートファジーの働きが低下する「スイッチ役」となるのは何か。吉森栄誉教授はオートファジーにブレーキをかけるたんぱく質「ルビコン」を発見した。そして、高脂肪食の摂取により脂肪肝になった肝臓ではルビコンが増えていることがわかった。人類の長い飢餓の歴史で、たまに食糧にありついたときに脂肪を肝臓に保持するため、オートファジーにブレーキをかける働きが作られたのでは、と吉森栄誉教授は推測する。

では、ルビコンをなくしたらどうなるのか。ルビコンを肝臓で作れないマウスを遺伝子操作によって作ったところ、高脂肪食を与えてもオートファジーが低下せず脂肪肝にならなかった[2]。

さらに吉森栄誉教授は老化にも着目。老化とともに全身の臓器でルビコンが増える。そこで、ルビコンをなくした線虫（ヒモ状の動物。老化・寿命の研究でよく用いられる）で実験をすると寿命が1・2倍延び、2倍ほど活動的になった[3]（図表4−2−3）。

吉森栄誉教授は、「集団として生きる中でヒトの体内で老化のスイッチを押すという仕組みが作られたのなら、それは〝仕組まれたことだから阻止できる可能性がある〟と考えている」と言う。

老化のスピードを緩めることが今後可能になっていくかもしれない。

睡眠、運動、食事でオートファジーを維持

脂っこい食事を取ることや、加齢によって、オートファジーのブレーキ役となるルビコ

ンは増えるようだ。

では、できるだけオートファジーの機能を落とさず維持するために、私たちが心がけられることはあるのだろうか。

「オートファジーが一気に低下するのは60代以降だと思われるが、これは平均値で、老化というものは個人差が非常に大きいことが知られている。その個人差を決めるのは環境要因が大きいと考えられる」（吉森栄誉教授）。

環境要因としてまず意識したいのが「睡眠」だ。ショウジョウバエを用いた研究で、概日リズム（生物がもつ1日約24時間の周期リズム）に沿って食事を取ることと夜間に絶食期間をもうけることが、オートファジー維持に重要なファクターであるという研究結果が発表された[4]。吉森栄誉教授は、「オートファジーは寝ている間に活発になるが、このとき満腹状態で血中にアミノ酸がたくさんあるとオートファジーが抑えられてしまう。夕食を食べてすぐ寝ることはオートファジーの活性化を妨げる可能性が高い。夕食は早めの時間に食べて寝るまでの時間をあけることを個人的にはお薦めしたい」と言う。

前述したように、空腹状態もオートファジー活性を高めるが、「ちまたで流行している16時間断食というのは、長時間の空腹状態ができることから、再び食事をした後に血糖値が急上昇する危険がある。また、16時間断食しないとオートファジーは起きないと書かれた本があるが、関係者に問い合わせたところ直接的な根拠はなかった。マウスの実験では6時間の絶食でオートファジー上昇が起こる。それに、そもそも食事と関係なく常に少しずつ起こっているオートファジーによる新陳代謝が重要であることを思い出してほしい。そして、有害物が現れたときには、満腹でもオートファジーは上昇する」（吉森栄誉教授）。

これもマウスの実験だが、運動によりオートファジーが上昇することもわかっている。「極端な運動不足は良くない可能性がある。よく眠って適度な運動をし、脂っこい食事を控えて腹八分目程度にする、という心がけでオートファジーは維持されると思われる」（吉森栄誉教授）。

オートファジーと天然の食品成分に関する研究も世界中で行われている。

代表的なのが、納豆や味噌、チーズなどに含まれる「スペルミジン」という成分。たんぱく質よりも小さいポリアミン（生命活動に深く関与する成長因子）という分子の一種だ。スペルミジンは細胞や動物を用いた試験でオートファジーを活性化することが確認されている。「注目に値するのは、免疫抗体を作る能力が低下したお年寄りの免疫細胞にスペルミジンをふりかけると再び抗体をちゃんと作るようになったという報告があること。つまり、少なくとも抗体を作る細胞では老化は不可逆的ではなく、戻せるということだ」（吉森栄誉教授）。

図表4-2-4 ウロリチン摂取後に血管内皮機能が改善

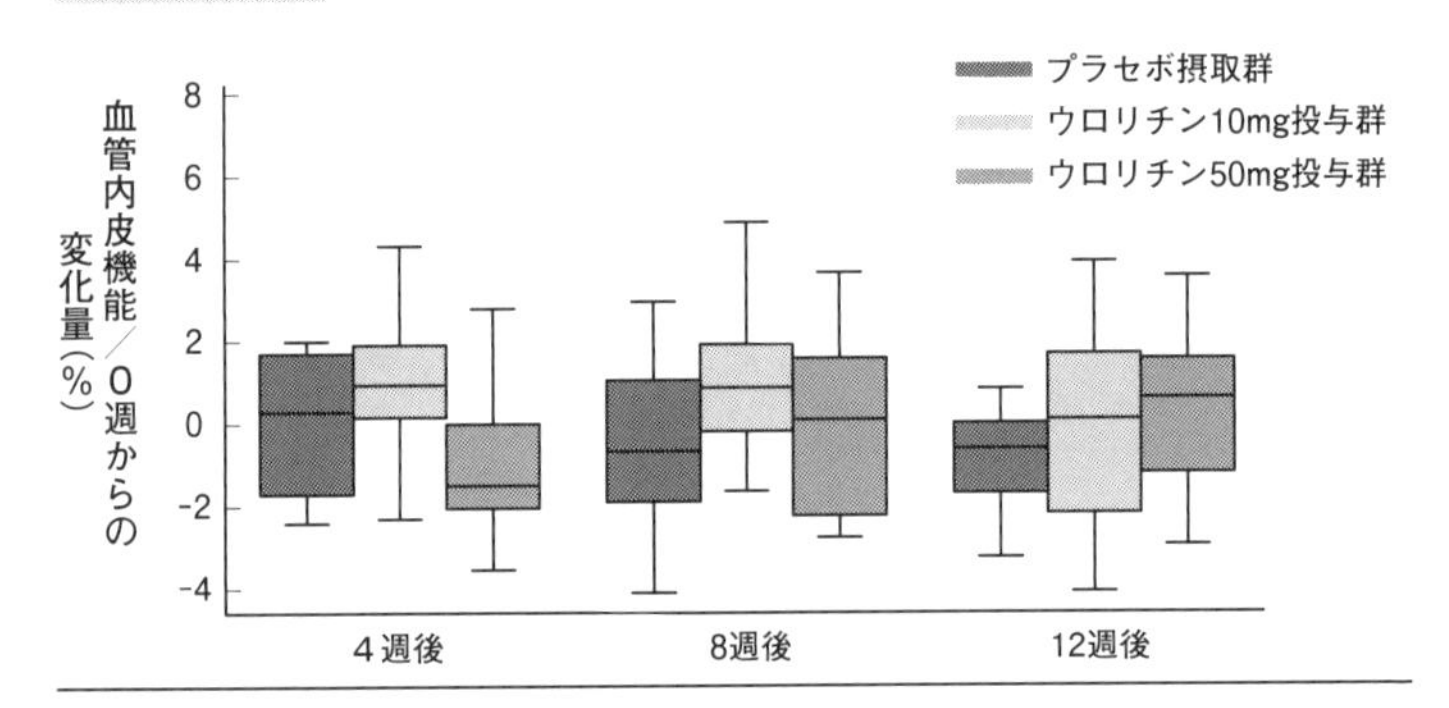

血管内皮機能が低下している健康な男女で事前検査によりウロリチンを産生できないことを確認した35人を、プラセボ摂取群、ウロリチン10mg投与群、ウロリチン50mg投与群に分けて12週間の試験を行った。ウロリチンを1日10mg摂取した群で、摂取8週後に血管内皮機能の改善が見られた。（データ：薬理と治療. 2021 vol49,10,1715-1728.）

ブドウや赤ワインに含まれるポリフェノールの一種、レスベラトロールや、サケやイクラに含まれる色素成分、アスタキサンチンもオートファジーを活性化することが確認されている。ザクロやベリー類、ナッツ類などを取ると、それらの食品に含まれるエラグ酸が腸内細菌によって「ウロリチン」という物質を作り出す。このウロリチンも加齢に伴い機能不全となるミトコンドリアのオートファジーを促し、線虫の寿命延長、動物の筋肉増強効果などが報告されている。[5]

実は、日本人でエラグ酸を材料にウロリチンを腸内で産生できる人は半数ほどしかいないという。そこで、国内でウロリチンを産生できない人を対象に投与した試験を行ったところ、ウロリチンを1日10㎎摂取することで8週後に血管内皮機能の改善が見られたという報告もある[6]（図表4－2－4）。

見た目や体調から「年をとったかも……」と感じたら、これらの食品を意識して取るなど、早めに対策をスタートさせたい。

吉森栄誉教授は、オートファジー研究の成果を広く産業界で活用するため、大阪大学発のスタートアップ「AutoPhagyGO（オートファジーゴー）」を設立。先ほど挙げた有望な成分などを含むサプリを企業と共同開発し、企業が販売を開始、オートファジー低下を防ぐ薬剤の開発や、オートファジー活性を測定する方法も探索する。サプリに関しては、記憶力や免疫力などを糸口に摂取による効果も今後調べていく考えだ。2020年には、吉森栄誉教授が自ら代表理事を務める「日本オートファジーコンソーシアム」も立ち上げ、オートファジーの情報発信や産学官一体の活動を進める。

私たちが体内のオートファジーの状態を手軽に測ることができ、生活習慣や食事から有効な対策を選択できる――そんなことが実現する日を心待ちにしたい。

Section 3

脂肪、糖、塩 どれを 取りすぎても 老化が加速

健康診断の結果、中性脂肪値が高い、空腹時血糖値や過去１～２カ月の血糖値を反映するHbA1c（糖化ヘモグロビン）がじわじわ上がってきている……。このような状態は生活習慣病のリスクを表すとともに、老化の指標でもあるという。慶應義塾大学医学部腎臓内分泌代謝内科の伊藤裕教授は「生活習慣病リスクを高める臓器老化の出発点には高脂肪食による腸の炎症がある。さらに糖と塩の過剰摂取が腸だけでなく、腎臓や筋肉といった臓器に老化を感染させていく」と説明する。臓器からの老化はどのように進むのか。どんな点に注意し、何を変えていけばいいのかを聞いた。

メタボドミノの出発点は「腸の炎症」

年を重ねても心身ともに活力ある状態で過ごしたい。そのためには「自分の臓器の状態とそれに影響を与える食習慣をしっかり意識することが大事」と話すのは伊藤教授だ。伊藤教授は2003年に、肥満や内臓脂肪の蓄積によって、ドミノ倒しのように生活習慣病が進行していくことを「メタボリックドミノ」と名付けた。05年には「メタボリックシンドローム診断基準」が定められ、「メタボ腹」に対する関心が高まっていく。「当初は肥満の病態や、内臓脂肪がどのように蓄積しメタボの要因になるのかに的を絞り研究を行っていたが、その後、メタボや全身の老化の源流には腸の炎症が強く関わることがわかってきた」と伊藤教授は言う（図表4－3－1）。

ここでいう炎症とは、細菌やウイルスのような体にとって異物であるものが侵入する、本来増えるべきではない内臓脂肪が増加する、といった健康を脅かす状態から体を守るために、免疫系が働く際に起こる反応のこと。打撲や傷などによる急性炎症と区別して慢性炎症（静かな炎症）と呼ばれる。

体の恒常性を維持するための調整機能といえるが、こうした炎症が長く続くと体にダメージが蓄積し、防御力も低下していく。「特に高脂肪食が入ってくると腸管は異物と強

図表4-3-1 メタボリックドミノの源流に「腸の炎症」がある

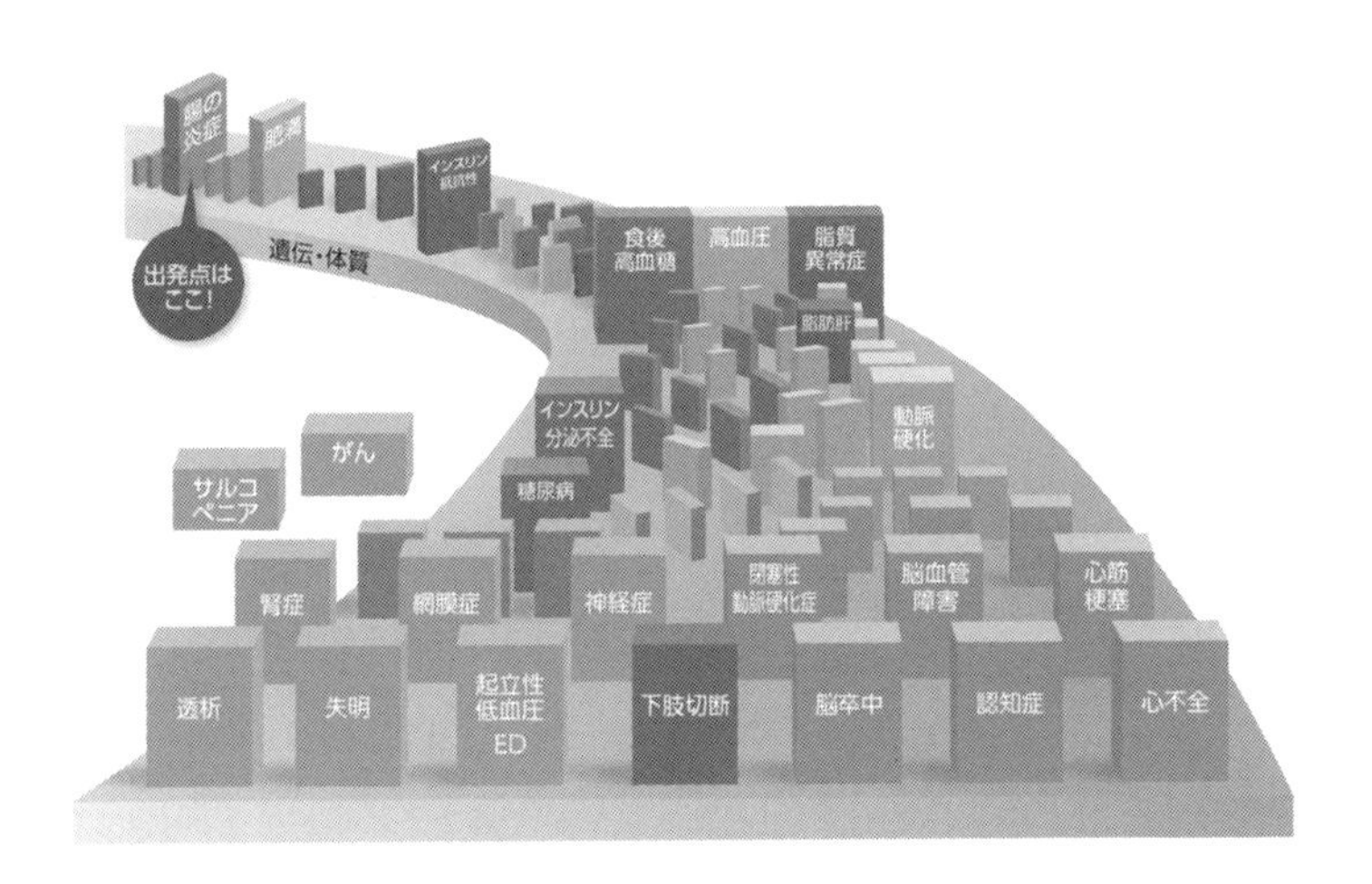

©増田真一

メタボリックドミノの源流には「腸の炎症」がある。2003年に伊藤教授が提唱した「メタボリックドミノ」では、まず肥満によって内臓脂肪が蓄積し、インスリン抵抗性が起こる。やがて食後高血糖、高血圧、脂質異常症がほぼ同時に起こり、続いて糖尿病、脳卒中、認知症、心不全などが起こっていく。このように病気が一体となり、進行していくと定義した。その後の研究からドミノ倒しの最初の駒となるのは「腸の炎症」であることがわかってきたという。(図提供：伊藤教授)

く認識するようだ。動物実験では、高脂肪食を継続して取ると、短期間のうちに腸管に炎症が起こることを確認した」（伊藤教授）。

腸管は「食べたものを消化吸収する」とともに「異物を見分けて排除する」という免疫能を担うが、この仕事を滞りなく行うには腸管が丈夫で体内への異物の侵入を防ぐ「バリア機能」がきちんと働くことが不可欠だ。

しかし、高脂肪食を取り続けると、これを異物と判断した免疫細胞が攻撃して炎症を起こす一方、腸内細菌叢（そう）も変化してＬＰＳ（リポポリサッカライド）といった毒素を作る腸内細菌が増える。これらの毒素がさらに炎症を広げ、腸は慢性的な炎症状態に陥っていく。するとと次第にバリア機能が低下していき、腸で発生した炎症物質が体内に侵入し始める。そして、血流に乗り脂肪組織（特に腸の近くにある内臓脂肪）や筋肉にまで到達してしまうのだ。

これらの代謝維持に重要な役割を果たす組織で炎症が起きると、血糖値を下げるホルモンであるインスリンが効きにくくなる「インスリン抵抗性」という現象を招く。

しかし、「腸で炎症が起こらないよう遺伝子操作したマウスに高脂肪食を食べさせると、腸管の炎症が抑えられるだけでなく脂肪組織での炎症も抑えられ、高脂肪食負荷による血糖値の上昇が30％程度抑えられた[1]（図表４－３－２）」（伊藤教授）。つまり、腸の炎症を

図表 4-3-2 腸の炎症を止めると高脂肪食を取っても血糖値が抑制された

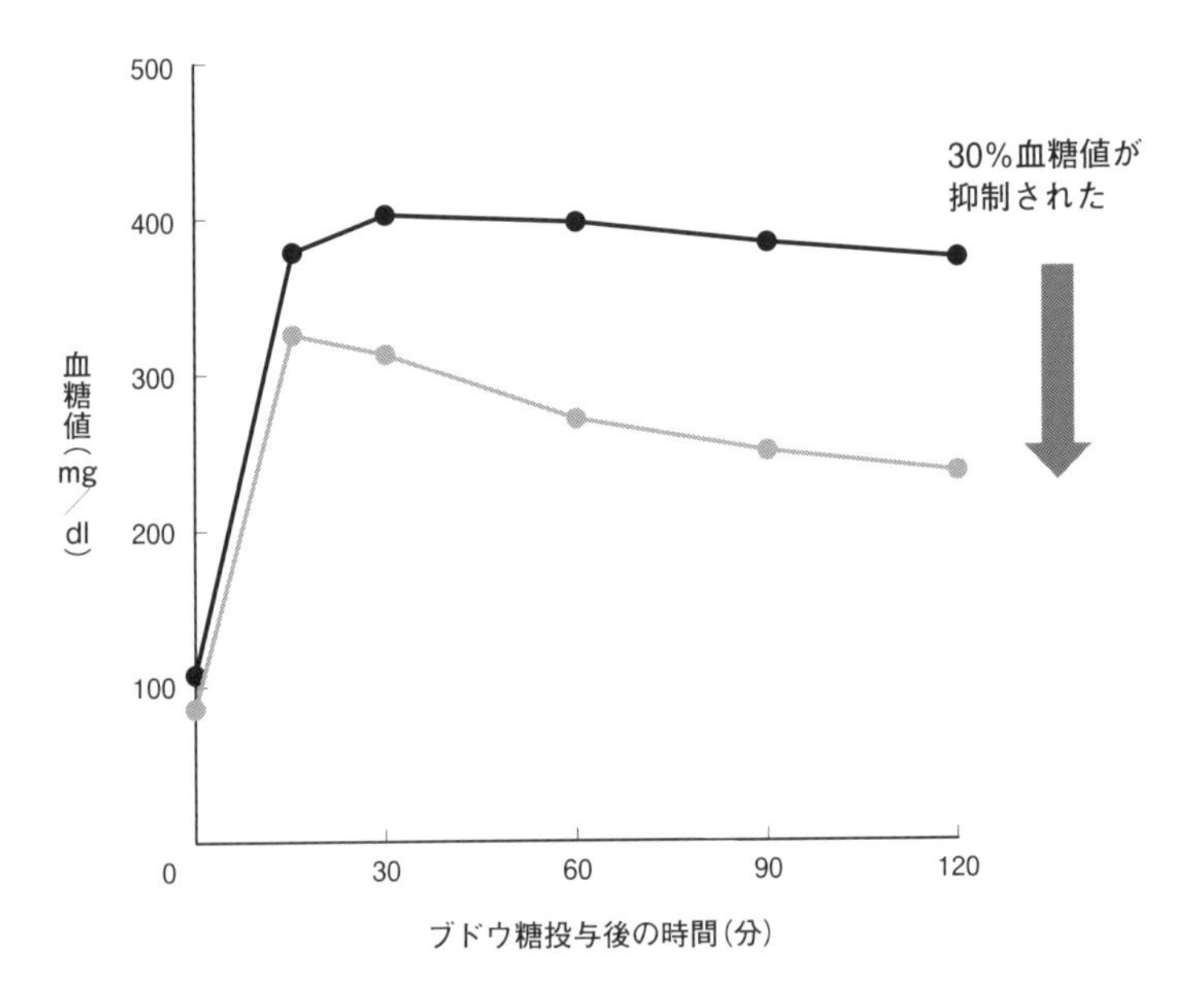

腸管上皮で炎症が起こらないよう遺伝子操作したマウスと通常のマウスに脂肪分を60%含む高脂肪食を摂取させた。その結果、腸管の炎症が起こらないようにしたマウスでは、インスリンの効きが良くなり、血糖値の上昇が30%程度抑えられた。（データ：Cell Metab. 2016 Aug 9;24(2):295-310.）

食い止められれば、血糖値の急激な上昇も、インスリン抵抗性も起こらないことがわかったのだという。

現実的には、腸の炎症を止める手段が見つかるまで、肥満した人でなくても、高脂肪食を続ける生活を控えるのがよさそうだ。

腸と腎臓が糖分や塩分を貪欲に吸収

「高脂肪食が腸の炎症を進めることはわかった。しかし、自分は年齢とともに脂っこいものは食べられなくなってきたから大丈夫」と言う人もいるかもしれない。ところが伊藤教授は、「年をとって脂肪を受け付けなくなるのは、脂肪分解酵素の分泌能が落ちているため。つまり消化器で老化が進行しているサインでもある。さらに注意したいのは、高脂肪食を取らなくなる代わりに、甘いものや塩辛いものをたくさん欲する傾向が強まってくること」と言う。この「糖分や塩分を欲しがるようになる変化」が臓器の老化を加速させるのだという。

伊藤教授は高脂肪食による腸の炎症を起点とし、腸と腎臓がメタボドミノ倒しを推し進める仕組み「貪欲な臓器仮説」を2022年に発表した。[2]

「そもそも発生学的に見ても、腎臓という臓器は腸管から派生してできた臓器であり、どちらの臓器も『吸収する』という性質を共通してもつ。腸と腎臓がせっせと吸収しようとするには、そのエネルギー源となる〝糖分〟と、血圧を調整して栄養素や酸素を体のすみずみに運ぶプロセスにも関わる〝塩分〟が大切」（伊藤教授）。

腸と腎臓が糖分や塩分を貪欲に吸収することによって老化が進み、さまざまな病気を引き起こしていくというのが「貪欲な臓器仮説」だ。カギを握るのが小腸や腎臓で糖分や塩分を効率的に吸収するための運び屋である「SGLT（ナトリウム・糖共輸送体）」というたんぱく質。この運び屋の働きを抑え、尿に漏れ出た糖分が再吸収されないようにする「SGLT2阻害薬」は糖尿病の画期的治療薬として14年に登場したが、血糖を下げるだけでなく、抗肥満や腎臓病、心不全を回復する作用もあることが話題となっている。つまり、腎臓の貪欲さにストップをかけるわけだ。

なお、腎臓は排泄の臓器と考えられがちだが、体に必要な糖やアミノ酸、塩分、ミネラルが一定に保たれるように、いったん排泄ルートに乗ったものの実に99％を再吸収して体の恒常性を保つ。精緻な吸収機能をもつ臓器なのだ。

「吸収という骨の折れる仕事を担うために、腸と腎臓の細胞にはエネルギー源であるATPを作り出すミトコンドリアがたくさん存在している。しかし、加齢によってミトコンドリアの機能は低下する。それでも食事から糖分、塩分をがんがん取り続けると、これらの運び屋であるＳＧＬＴは貪欲に働き続けるので、腸や腎臓の細胞には過度の負担がかかる。この過重労働がこれら臓器の老化を加速させ、糖尿病や高血圧、心不全、がんといった病気につながっていく」（伊藤教授）。

伊藤教授は腎臓の状態が悪くなると腸内細菌叢も悪化し、筋繊維まで萎縮してサルコペニア（加齢による筋肉量の減少および筋力の低下）が起こることを動物実験で確認した。[3]「つまり、腎臓の貪欲さの弊害は、腸・筋肉にも波及するということ。筋肉の減少を抑えるためには腸や腎臓の健康が重要というのは死角だったが、今後はもっと重要視していくべきだと考えている」と言う。

このように、腸で起きた炎症が腎臓や筋肉など全身の臓器にダメージを与えて老化を進める一方で、腎臓で起きた異常が腸や筋肉に悪影響を与える仕組みもあるというわけだ。

腸と腎臓は相関して全身の老化を進める。

中性脂肪値とＨＤＬコレステロール値が臓器老化の指標

腸に炎症を起こす高脂肪食。さらには、腸や腎臓の貪欲さにスイッチを入れる糖分と塩分の過剰摂取が私たちの臓器の老化を進めていく。伊藤教授は「高脂肪食は明らかに炎症を引き起こす作用が強い。また、糖分と塩分を長期間、取り続けていると、腎臓も腸も頑張りすぎの状態となり、くたびれて炎症物質に対して脆弱になる。だから、腸や腎臓で炎症が続き全身の老化が加速し始める前に自分の体の変調に気づき、食事をコントロールしていく発想をもってほしい」と強調する。食生活を変えるための指標になるのが、健康診断でわかる「中性脂肪値」と「ＨＤＬコレステロール値」だという。

・中性脂肪値……１５０㎎／dℓ以上は高トリグリセライド血症
・ＨＤＬコレステロール値……40㎎／dℓ未満は低ＨＤＬコレステロール血症

「中性脂肪値はインスリン抵抗性や脂肪肝のリスクを示す指標となる。基準値以上になると、代謝的に問題が起こっているサイン。また、ＨＤＬコレステロール値が40㎎／dℓ以下だと、動脈硬化が進み、心筋梗塞や脳卒中の確率を明らかに高める」（伊藤教授）。

このほか、糖尿病のリスクを表す数値にも注意しよう。

・空腹時血糖……１２６㎖／dℓ以上またはＨｂＡ１ｃ６・５％以上で糖尿病型（日本糖尿

病学会「糖尿病診療ガイドライン2019」）

「年齢100歳以上の百寿者には糖尿病の人が圧倒的に少ない。つまり、糖尿病は老化を早めて長生きを阻害する疾患といえる。糖尿病とは体内の化学反応やエネルギー代謝がスムーズに行われていない状態のことで、代謝がうまくいかず、体への負荷がかかることが、老化の原因となるDNAダメージに強い影響を及ぼす」（伊藤教授）。

今日からでも始めたいのは、脂肪や糖、塩を取りすぎていたら、それを見直すこと。さらに、「メリハリのある生活を送ることも重要」だと伊藤教授。「代謝は昼と夜のリズムと直結している。腸内細菌にも概日リズムがあり、肝臓や腸といった臓器もそのリズムの影響を受けている。朝は光を浴び、夕食は食べすぎないという光のリズムに合わせた食行動や運動が基本中の基本」（伊藤教授）。

また、伊藤教授は「味覚センサーを研ぎ澄ませること」も薦める。「米国の研究で、肥満の女性は正常体重の女性よりもうまみの味覚感度が低いという報告があり[4]（図表4－3－3）、うまみに対する感受性が落ちている人ほど甘いものが好きで、肥満者が有意に多いという国内の研究もある。[5]私たちはついつい安価で刺激的なものに手を伸ばしがちだが、その欲求に操られてしまうと脂肪や糖、食塩の取りすぎは加速する一方だ。若いうちから

図表4-3-3 肥満の人はうまみ感度が低い

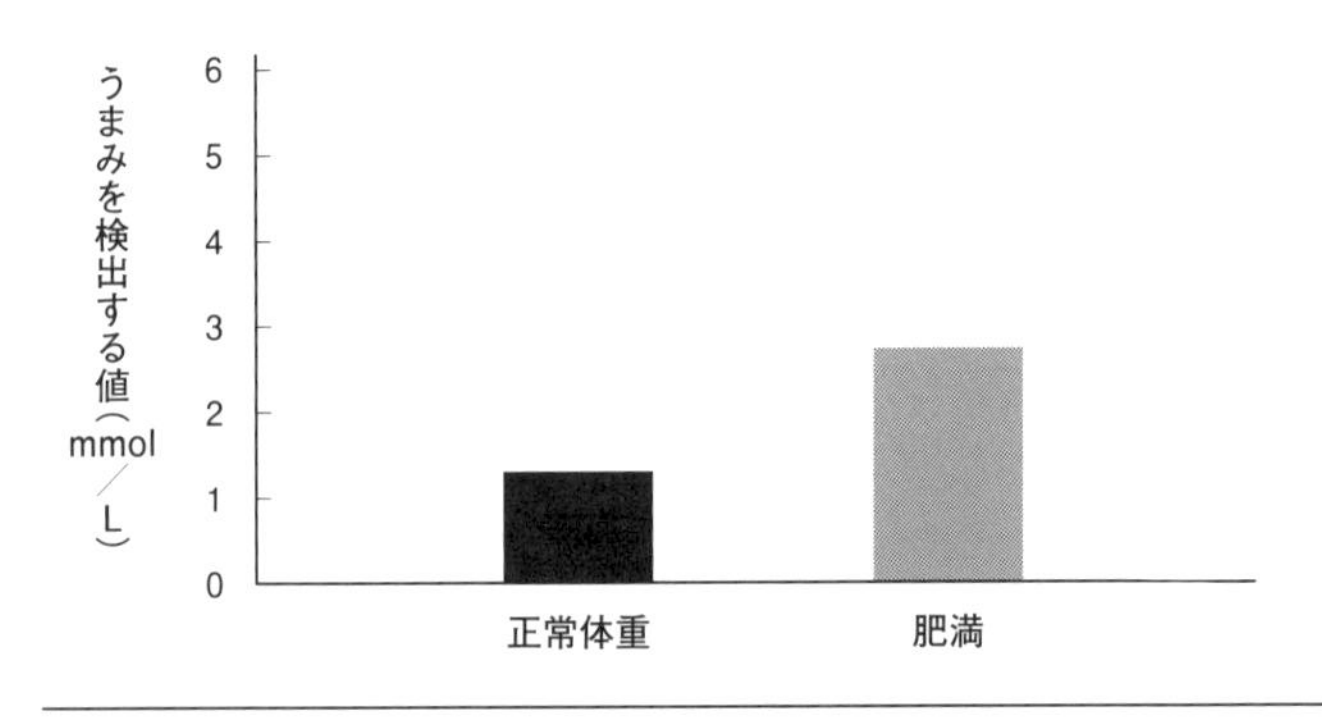

正常体重の女性34人、肥満の女性23人を対象に、うまみ（グルタミン酸ナトリウム）の感受性を調べた。肥満の女性はうまみを感じるために、より多くのうまみ濃度を好んだ。（データ：Obesity (Silver Spring). 2010 May;18(5):959-65.）

家で料理をする、しっかり出汁（だし）をひいた薄味でおいしい食事を経験する、といったことにお金と時間を投資して味覚を研ぎ澄ませると、ゆがんだ食行動には向かいにくい」（伊藤教授）。

味覚センサーを研ぎ澄ませる1つの手として、伊藤教授は「ファスティング（断食）」を挙げる。「腹八分目にするというやり方は境目がはっきりしないので継続しにくい。しかし、断食は強制的に食生活が初期化され、感覚が研ぎ澄まされるので、長い空腹後に初めて口にする回復食※のおいしさをしみじみと実感することができる。年1回ぐらいは無理のない範囲で断食を試してみる価値があるのでは。夕食を早めに取って、夜間の空腹時間を長くすることも取り組みやすい断食の一種と考えていい」（伊藤教授）。

※断食後にいきなり元の食事に戻すと、休んでいた胃腸に負担がかかるだけでなく、リセット効果もなくなる。そのため、通常断食後は、薄い粥（かゆ）、スープなどから始め、徐々に通常食に戻していく。

臓器老化を防ぐ可能性がある食品成分（サプリメント成分）はあるのだろうか。「自分でも研究を行っているNMN（ニコチンアミドモノヌクレオチド）と5－ALA（アミノレブリン酸）は加齢とともに減るというエビデンスがあり、かつ基本的に体の中で作られているものなので安全。有望視している」（伊藤教授）。

NMNは、ミトコンドリアのエネルギー産出に欠かせない補酵素NAD（ニコチンアミドアデニンジヌクレオチド）に変わる成分。5－ALAはミトコンドリアのエネルギー源であるATPに不可欠な物質。どちらも広く食材に微量に含まれており、1つひとつの細胞の老化を食い止める作用が期待されている。

メリハリのある生活をし、過食を控えて「おいしい」という感覚を大切にすることから老化を進める生活を見直していこう。やがて、老化の進行をスローダウンさせることを実証した補助的な食品も登場してきそうだ。

歯周病が健康寿命を縮める糖尿病や認知症にも悪影響

健康で長生きするために食生活に気を配ったり、運動したりすることは大切だ。しかし、つい後回しになりがちなのが「口の中」のケア。特に、健康寿命にまで関わることがわかってきたのが歯周病だ。原因となる歯周病菌が慢性的な炎症状態を促すことや、糖尿病や認知症、動脈硬化など、老化とともに増える病気との関連が深いことも明らかになってきた。歯周病の最新情報を、口腔（こうくう）疾患と健康寿命について研究する大阪大学大学院歯学研究科の天野敦雄教授に聞いた。

エイジングに気を配り、何を食べるかに高い意識をもっている人は多い。一方、その入り口となる「口」の状態にも関心を払い、適切なケアをしているだろうか。例えば、歯磨き時の出血を少量だからと放置していたり、歯科で健康状態を定期的に点検してクリーニングを受けたりしていない人は要注意だ。

歯を失う人は60代で急増　原因トップは歯周病

「シワや白髪対策には手間をかけるのに、歯の不調はよほど気になる状態になるまで放置するという患者をしばしば目にするが、40歳を超えたら真剣に口腔ケアに取り組んでほしい」と天野教授は話す。

「食べる」「話す」といった生きるために不可欠な口の機能を支える重要な器官が「歯」。「昭和の時代に比べると日本人の歯は明らかに長持ちになってきたが、自前の歯の数は60代から減り始め、長くなった平均寿命に追いついていない。その原因が歯周病と虫歯。なかでも歯周病は原因の1位を占める」と天野教授は言う（図表4－4－1）。

60代以降、歯を失う主原因となる歯周病は、歯周病菌が歯肉や歯を支える歯槽骨などの組織をむしばむ感染症だ。「歯周病菌のすみかとなるのが磨き残しによって歯にこびりつ

図表 4-4-1 自前の歯の数は長くなった平均寿命に追いついていない

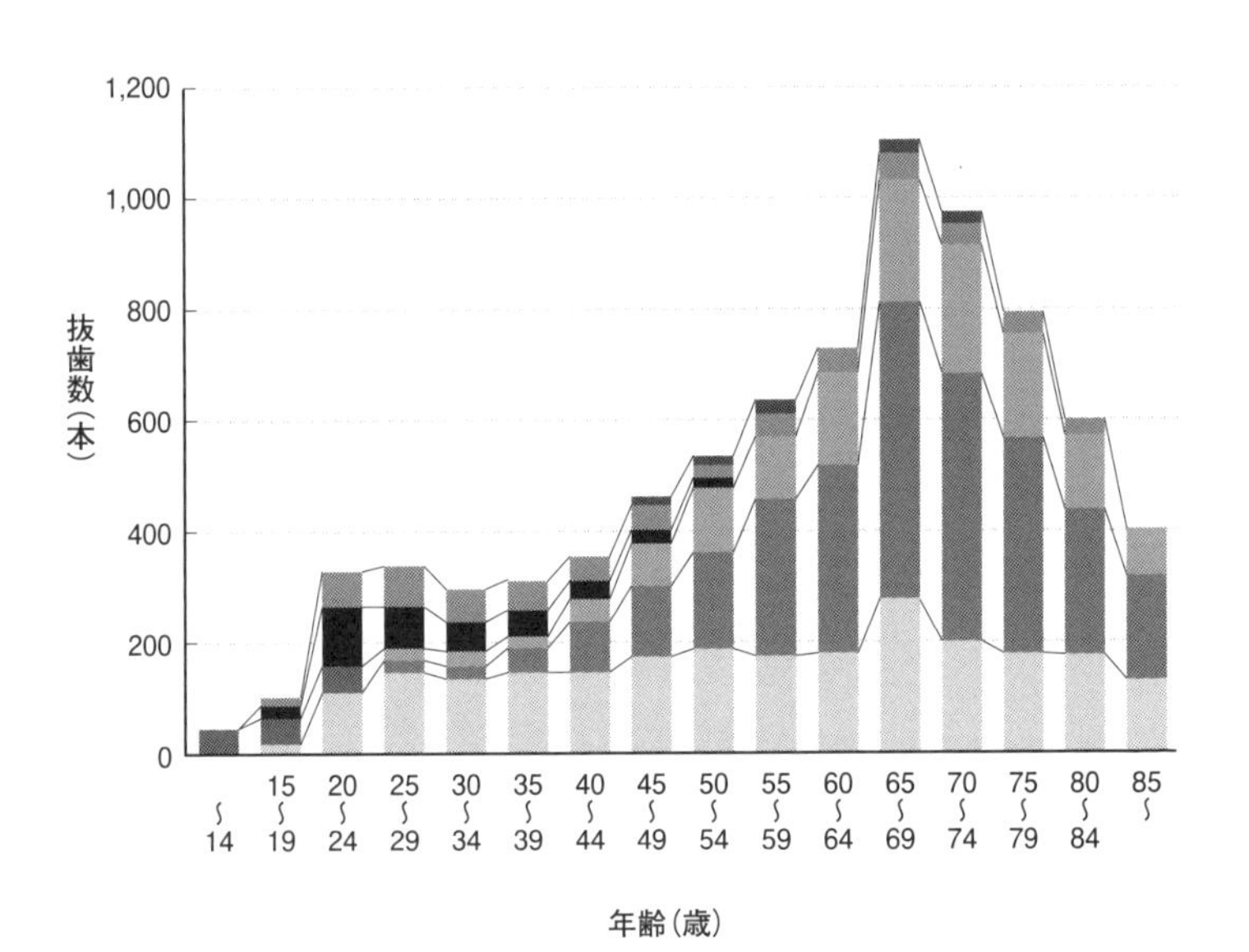

全国の歯科医院を対象に調査し、抜歯処置を受けた6,541人の抜歯の主原因ごとに本数と割合を見た。抜歯の原因で最も多かったのは歯周病で、次いでう蝕（虫歯）や破折だった。年齢別に見ると、歯周病が原因となる抜歯は60代で急増する。（データ：「第2回永久歯の抜歯原因調査報告書」2018年、8020推進財団）

く歯垢。わずか1mg中に10億個もの細菌が存在し、その多さは糞便並みだ」と天野教授は指摘する。この細菌の中に歯周病や虫歯の原因菌がいる。

最新の調査では、歯周病の指標である「4mm以上の歯周ポケット（歯と歯肉の間にできる溝）が1カ所でもある人」の割合は50～54歳で54・1％と実に半数以上を占める（厚生労働省「平成28年歯科疾患実態調査結果の概要」）。「歯周病は自覚症状がないまま進行していく」（天野教授）。歯周病菌に感染した初期の歯肉炎の段階では歯肉が赤く腫れる程度だが、歯周炎になると歯と歯肉の間に歯周ポケットができ、歯周組織の破壊が始まる。そして疲れたときなどに、たまに鈍い痛みがあるものの、本人がほとんど気づかない間に歯肉が腫れ、歯槽骨を溶かし、歯がぐらついて最後は抜け落ちる。

歯周病菌は全身に飛び火　コロナ重症化の要因にも

歯周病は新型コロナウイルス感染症の重症化要因になるかもしれないとの指摘がある。2022年3月に発表されたコロナ入院患者128人（20～97歳）の口腔環境を調べたブラジルの研究では、歯周病の重症度がコロナ感染症の重症化や集中治療室（ICU）への入院リスクの上昇、死亡リスクの上昇につながっていた。[1]

「歯周病は慢性的な炎症を伴う疾患で、感染症による炎症も悪化させるだろうと考えている。また、口腔内の舌や歯肉にはコロナウイルスの侵入口となる『ACE2受容体』というたんぱく質が存在する。歯周病菌が作り出すたんぱく質分解酵素はこの受容体を覆うコーティングをはがして露出させ、ウイルスを取り込みやすくするようだ」（天野教授）。

コロナだけではない。「炎症を引き起こす」性質をもつ歯周病菌は口の中だけにとどまらず、全身に炎症を飛び火させ、いくつもの疾患に関係することが近年の研究で明らかになってきた（図表4－4－2）。

歯周病菌は歯周ポケットで歯肉のたんぱく質を溶かして潰瘍を作る。「潰瘍は擦りむいた傷と同じで、露出した毛細血管から常に微量に出血している。虫歯菌は糖を好むが、歯周病菌は血液に含まれる鉄分とたんぱく質を栄養にする。そのため、出血があると増殖し、さらに血液を求めて深く潜り込み、産生する酵素で歯肉や歯槽骨を溶かしていく」（天野教授）。

歯肉の血管内に侵入した歯周病菌は血流を通して全身の組織に到達する。歯周ポケットが5㎜程度の歯周病が口腔内全体に発症すると、ポケット総面積は55～72㎠（手のひらと同じ面積）に及ぶ。体内で常に手のひら1つ分の火事（炎症）が発生していると想像すると、影響を実感しやすいだろう。「歯ブラシでさっとこするだけで出血する、柔らかい歯

図表 4-4-2 歯周病菌は歯周ポケットに露出した毛細血管に侵入し全身に広がる

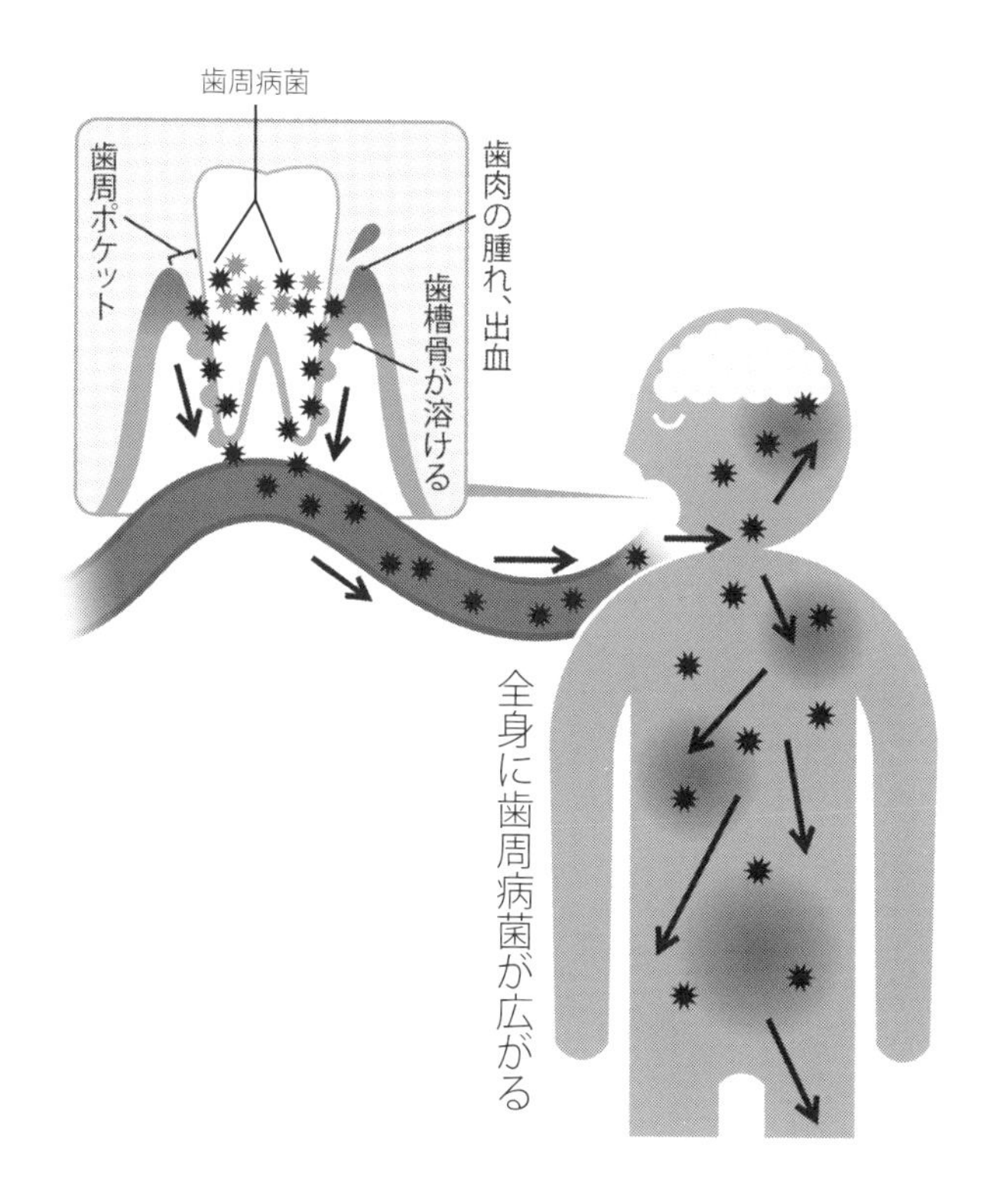

©三弓素青

歯周病菌が作る歯周ポケットの内側にできる潰瘍面は全身に炎症を広げるバイパスになる。歯周病菌は血管を介して全身の組織に届き、炎症を起こす。

ブラシでないと痛くて磨けないという人は歯周病菌による炎症の影響が体内に広がっている可能性が高い」（天野教授）。

歯周病が引き起こす炎症は全身の老化を促進する糖尿病とも密接に関わる。歯周病は糖尿病を悪化させ、糖尿病もまた歯周病を悪化させることが明らかになっている。広島県で行われた研究では、糖尿病患者が歯周病の治療をすることによって炎症の指数が減少し、過去1～2カ月の血糖値の指標となる「HbA1c（糖化へモグロビン）」が減少した[2]。19年には「糖尿病治療ガイドライン」で2型糖尿病（生活習慣の悪影響により高血糖が続く疾患）の人への歯周病治療が「推奨レベルA」になった。今や歯周病は糖尿病の合併症である網膜症や腎症、神経障害、足病変、動脈硬化性疾患と並ぶ「第6の合併症」とも呼ばれる。「歯周病を治療し、口腔内の炎症を抑制すると、血糖値上昇の原因になるインスリン抵抗性にも改善が見られる。糖尿病専門医の中には『歯周病治療を行うと、糖尿病の薬を1種類減らせる』と言う人もいる」（天野教授）。

慢性歯周炎の人、アルツハイマー病発症リスクが1・7倍に

さらに健康長寿面で注目したいのが、老化とともにそのリスクが増す認知症との関係

図表4-4-3 認知症との関係も

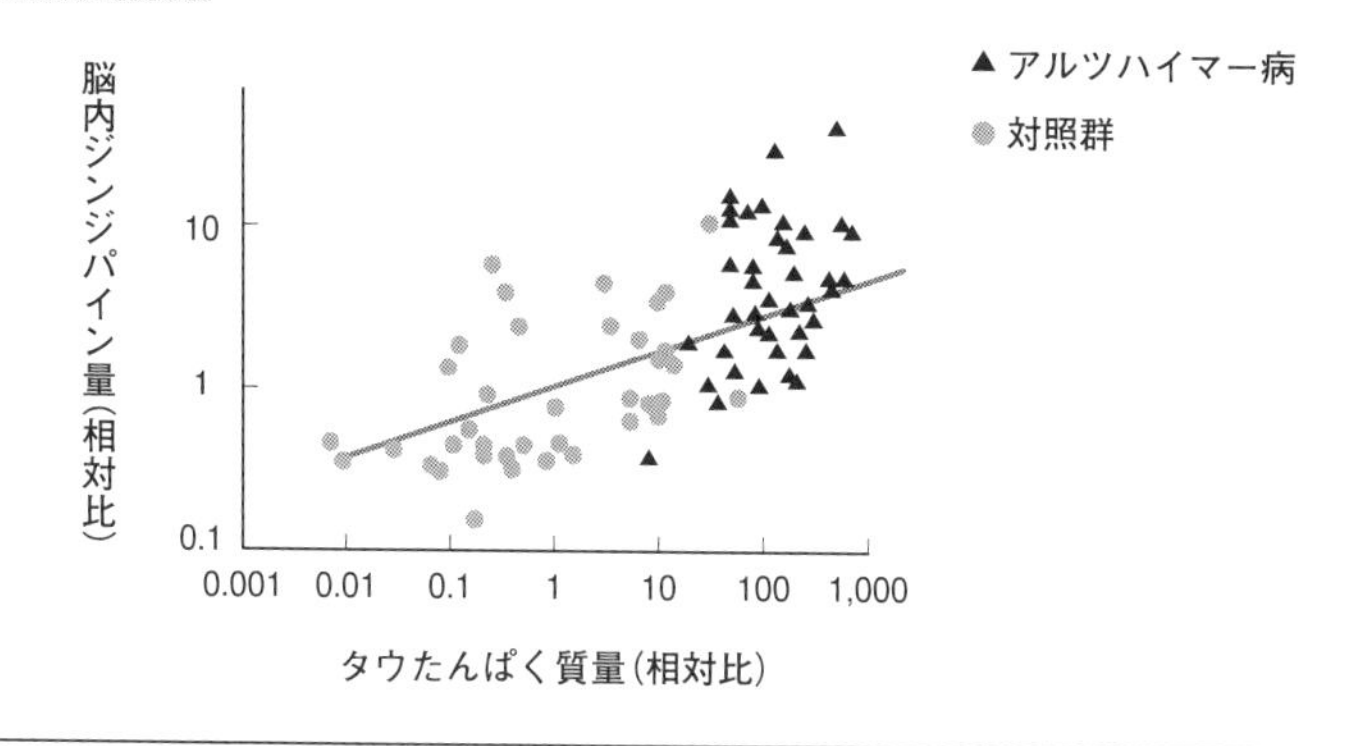

アルツハイマー病患者の脳内ではジンジバリス菌が産生するたんぱく質分解酵素ジンジパインが高頻度に検出され、ジンジパイン量はアルツハイマー病で増えるタウたんぱく質の量と相関していた。(データ:Sci Adv. 2019 Jan 23;5(1):eaau3333.)

だ。台湾で50歳以上の歯周病患者9291人と健康な1万8672人を10年間追跡した調査では、慢性歯周炎のある人は、ない人と比べてアルツハイマー病の発症リスクが1・7倍に高まっていた。[3] アルツハイマー病で死亡した患者の脳組織からはジンジバリス菌という歯周病菌が検出されたが、正常な人の脳組織では検出されなかったという報告もある。[4]

2019年に発表された研究成果によると、アルツハイマー病で死亡した患者の脳組織を調べたところ、ジンジバリス菌が産生する酵素ジンジパインが多く検出され、その量とアルツハイマー病に特徴的なタウたんぱく質量が相関していることがわかった[5](図表4-4-3)。

「これらの研究成果を受け、現在、米国では脳でジンジパインの働きを阻害する薬の効果を検証する臨床試験が行われている。私もジンジバリス菌がどのように脳に影響を与えるのか、その仕組みを調べているところだ」と天野教授は語る。なお、アルツハイマー病患者の脳だけでなく、動脈硬化によって狭心症や心筋梗塞を起こす「虚血性心疾患患者」の心臓の冠動脈や大腿動脈からもジンジバリス菌が検出されている[6]。

このように歯周病を引き起こす歯周病菌は全身を巡り、病気の発症や重症化に関係しているようだ。「未解明のことも多いが、はっきりいえるのは歯垢をできるだけ減らし、きれいな口を維持しておくことが最良の対策。正しい歯磨き習慣はもちろん、定期的に歯科でクリーニングを受けることをお薦めする」と天野教授。

歯磨き時に出血するなど気になる症状があったら放置せずに歯科を受診し、生活の質の維持に直結する口腔の健康を守りたい。

寿命を縮める口腔機能低下 若々しく生きるケア法とは

食べ物をしっかり噛むことができ、それに伴い唾液をたっぷり分泌する口腔状態は、脳の活性化やメタボリックシンドロームの予防、免疫維持など若々しく生きる力を支える。しかし、歯周病や虫歯による歯の喪失や加齢による唾液分泌低下などが口腔機能を損なう原因に。口腔機能が低下する「オーラルフレイル」が進むと、介護リスクや死亡リスクが高まることがわかってきた。40歳を過ぎたら、日々の丁寧な「口のケア」が欠かせない。Section 4に引き続き、大阪大学大学院歯学研究科の天野敦雄教授は「食べて発声する器官である口は私たちの生命力を支えている」と指摘する。

歯の本数減　男性の予防可能な死亡リスクのトップ

近年の研究により、口腔は多方面から私たちの健康を支えていることがわかってきた。例えば、40～74歳の6827人を対象にした国内の調査では、男性で咀嚼能力が高く、ゆっくり食べる人ほど糖尿病発症リスクが低かった。[1] また、最近発表された高齢者約5万2000人を6年間追跡調査した国内の研究で、「歯の本数減少」は予防可能な死亡リスク中、男性にとって最も影響の大きい要因（18・4％）という結果が出た。2位は喫煙（16・0％）、3位は高血圧（10・4％）だった。[2]

「噛むことは脳の血流を高め、糖や脂質の代謝にも良い作用をもたらす。また、唾液は口の守り神。病原体の侵入を阻む粘膜免疫の維持にも欠かせない」（天野教授）。唾液には消化酵素だけでなく、免疫グロブリンA（IgA）やβ－ディフェンシンといった抗ウイルス・抗菌物質など多様な免疫物質が含まれる。唾液量が減ることは病原体に対する防御力や嚥下力（食物を飲み込み、口から胃へと運ぶ力）の低下にもつながる。

こうした口腔機能が低下するオーラルフレイルは寿命にも影響を与える。2011人を4年間追跡調査した国内研究では、歯を失い噛む力や嚥下機能が低下したオーラルフレイル群は健常者群よりも4年後の総死亡リスクが2・1倍に（図表4－5－1）。それだけ

図表4-5-1 口腔機能の低下は死亡リスクを2倍にする

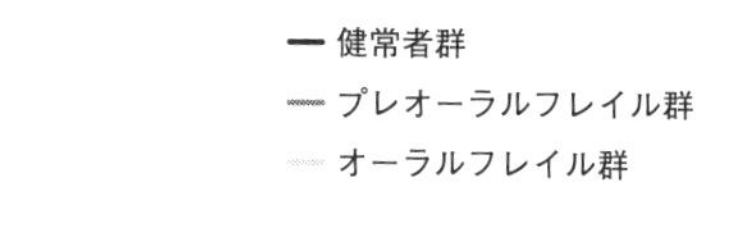

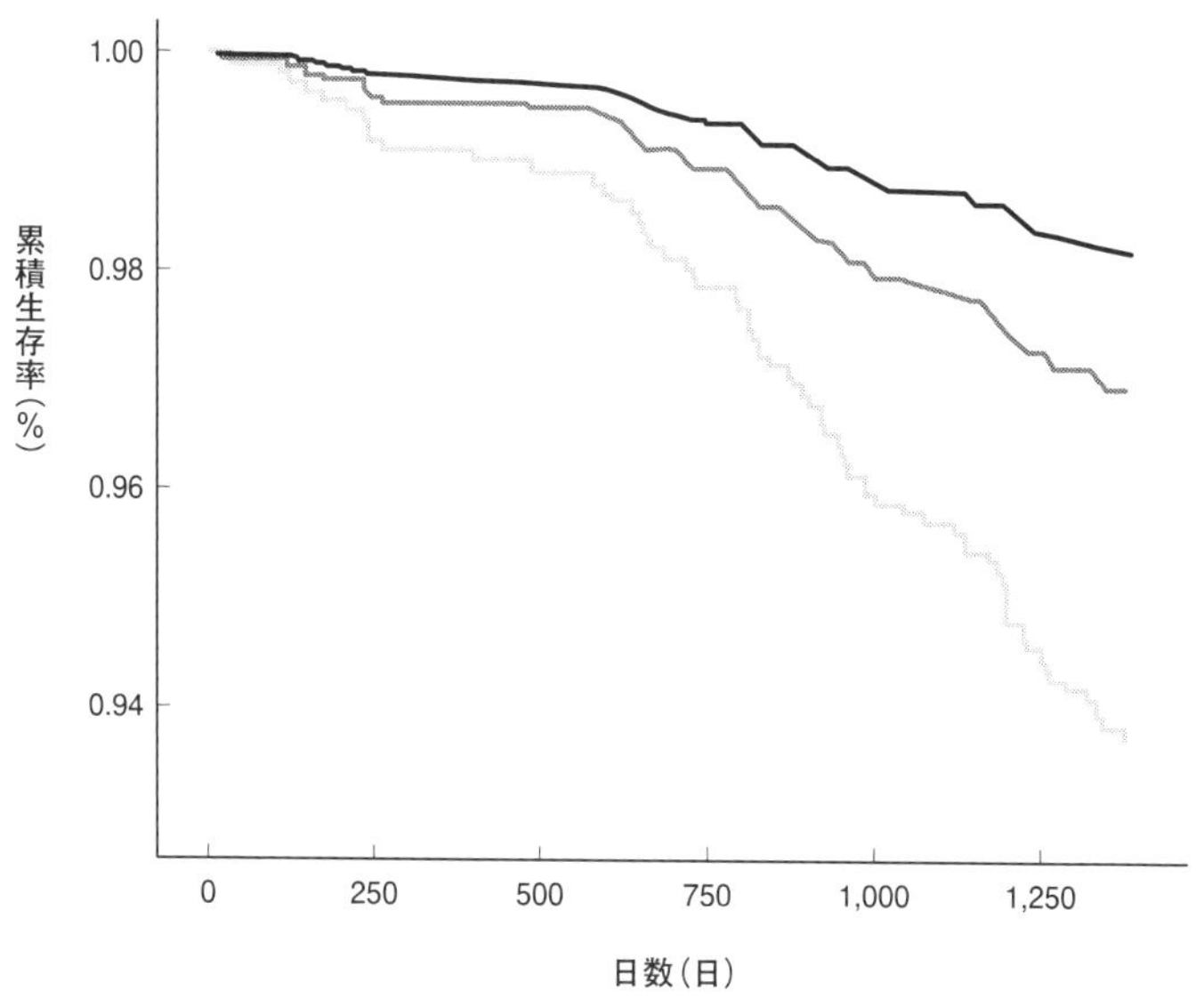

千葉県柏市在住の高齢者2,011人を4年間追跡調査。オーラルフレイルの6つの評価基準として、①自分の歯の数（20本未満）、②滑舌の低下、③噛む力の低下、④舌の力の低下、⑤咀嚼する力の低下、⑥飲み込む力の低下――のうち、3項目以上の該当者を「オーラルフレイル群」、1～2項目該当を「プレオーラルフレイル群」、該当なしを「健常者群」として比較した。オーラルフレイル群では健常者群に比べ総死亡リスクが2.1倍だった。（データ：J Gerontol A Biol Sci Med Sci. 2018 Nov 10;73(12):1661-1667.）

図表4-5-2 オーラルフレイルのセルフチェック

質問事項	はい	いいえ
□ 半年前と比べて、堅い物が食べにくくなった	2	
□ お茶や汁物でむせることがある	2	
□ 義歯を入れている	2	
□ 口の乾きが気になる	1	
□ 半年前と比べ、外出が少なくなった	1	
□ さきイカ、たくあんぐらいの堅さの食べ物を噛むことができる		1
□ 1日2回以上、歯を磨く		1
□ 1年に2回以上、歯医者に行く		1

合計の点数が

0～2点　オーラルフレイルの危険性は低い

3点　オーラルフレイルの危険性あり

4点以上　オーラルフレイルの危険性が高い

データ：日本歯科医師会「通いの場で活かすオーラルフレイル対応マニュアル 2020年版」

でなく、要介護状態の手前の身体的フレイルの発症リスクが2・4倍、筋肉量や身体機能が低下する「サルコペニア」の発症リスクが2・1倍、要介護認定リスクが2・4倍と健康寿命を縮める老化が加速していた[3]。

「歯を失うと、しっかり噛む必要がある肉などを避けるようになるため、たんぱく質が不足しがちになり、筋肉量の減少にも拍車がかかる。滑舌よく元気に話せることは社会性の維持につながるし、嚥下がスムーズであることは誤嚥性肺炎の予防にもなる」（天野教授）。口腔機能の維持は老化抑制に欠かせないファクターなのだ。図表4－5－2のセルフチェック表で自分の状態を確認し、少しでもリスクがありそうなら、すぐにケアを開始したい。

加齢とともに歯を失う理由の多くを占めるのが歯周病だが、「50歳を超えると過去に治療した歯の詰め物の下や歯茎の後退で露出した歯根で発生する虫歯も増える」（天野教授）。では、私たちはどのようなことに注意して口腔ケアをすればよいか。

歯間ブラシで歯垢を除去　就寝前に念入りに

「歯と歯の間にたまる歯垢除去に歯間ブラシは欠かせない。歯周病があると歯肉にブラシ

図表4-5-3 歯間ブラシの使用で出血が減る

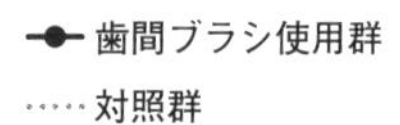

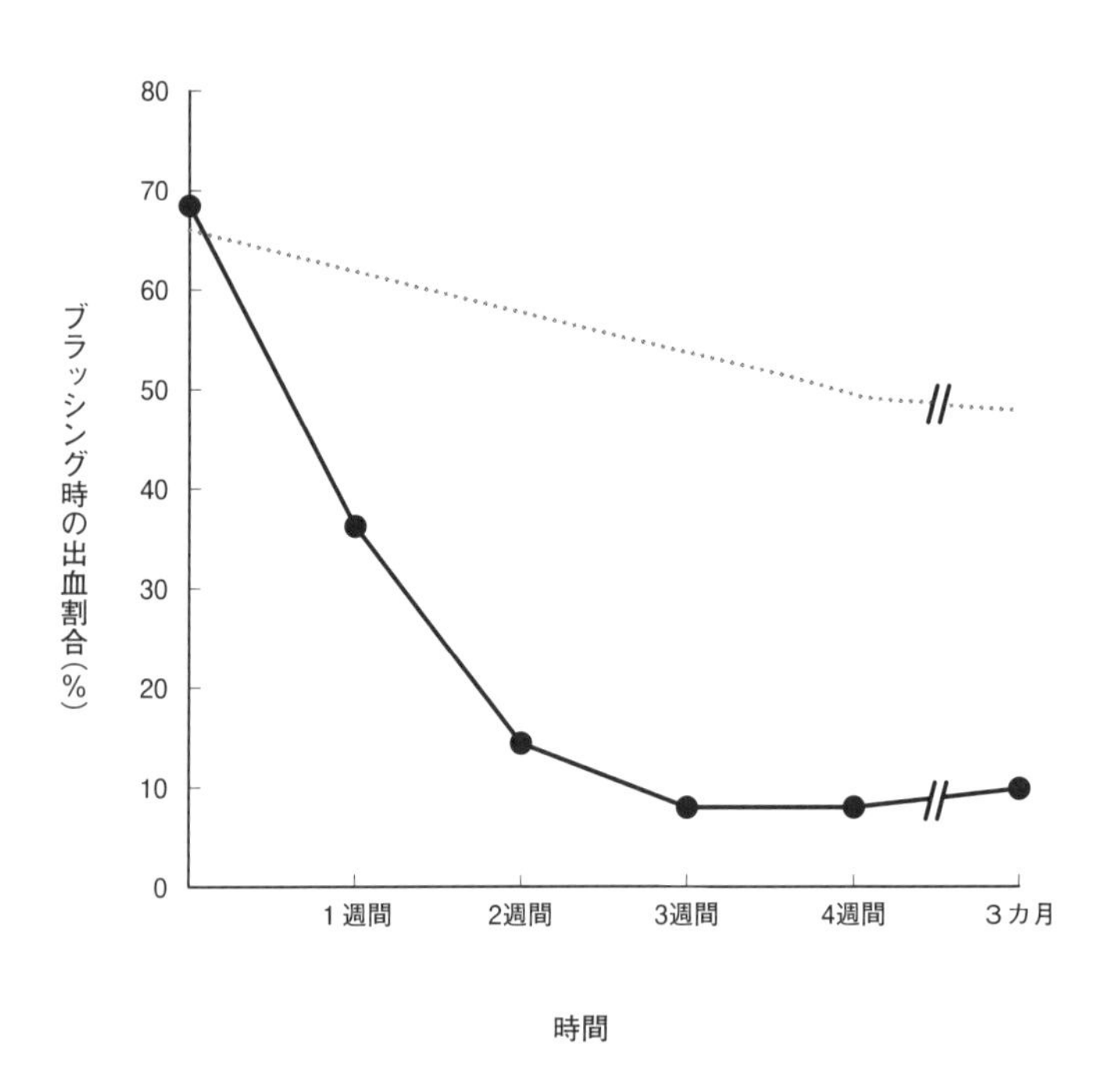

25人の被験者（18〜35歳）を歯間ブラシ使用群と対照群に分け、1週間後から3カ月後の歯間の歯垢を採取。歯間ブラシ使用群は3カ月後の出血割合が85%減少したが、対照群では27%減にとどまった。（データ：Sci Rep. 2019 Oct 22;9(1):15127.）

が触れるときに出血するため、早期発見もできる」（天野教授）。自分の歯のサイズに合った歯間ブラシの選び方や使い方は、歯科医院で歯科衛生士に相談するといい。歯間ブラシを用いると、歯ブラシのみのケアよりも出血が減少することが確認されている[4]（図表4－5－3）。「歯磨き時に出血すると慌てる人がいるが、歯周病では歯周ポケット内で出血が常時起こっている。出血しても歯間ブラシで歯垢を除去し、歯周病菌の巣を取り除くほうがはるかに重要。歯周病菌が減り、炎症が収まれば、出血は止まる」（天野教授）。

「就寝中は唾液分泌量が減少するため歯周病菌が増殖しやすい。そこで、就寝前に歯間ブラシと歯ブラシで念入りに歯垢を落とす習慣を」と天野教授は語る。歯と歯の間に歯ブラシの毛先を入れ、小さく揺するように磨くのがコツ（図表4－5－4）。「電動歯ブラシの場合は歯に当てるだけにする。動かすと毛先が細部にまで届かなくなってしまう」（天野教授）。なお、虫歯予防のためには、毎食後の歯磨きで食べかすをこまめに取り除くのが効果的だという。

一方、歯と歯の間や歯と歯肉の境目につく歯石はセルフケアでは除去できない。「歯石は表面がざらざらしているため歯周病菌の絶好のすみかになる。歯科医院で定期的に除去してもらうこと。予防歯科を看板に掲げている歯科医をかかりつけ医にするといい」（天野教授）。

図表4-5-4 歯周病予防のブラッシング法(バス法)

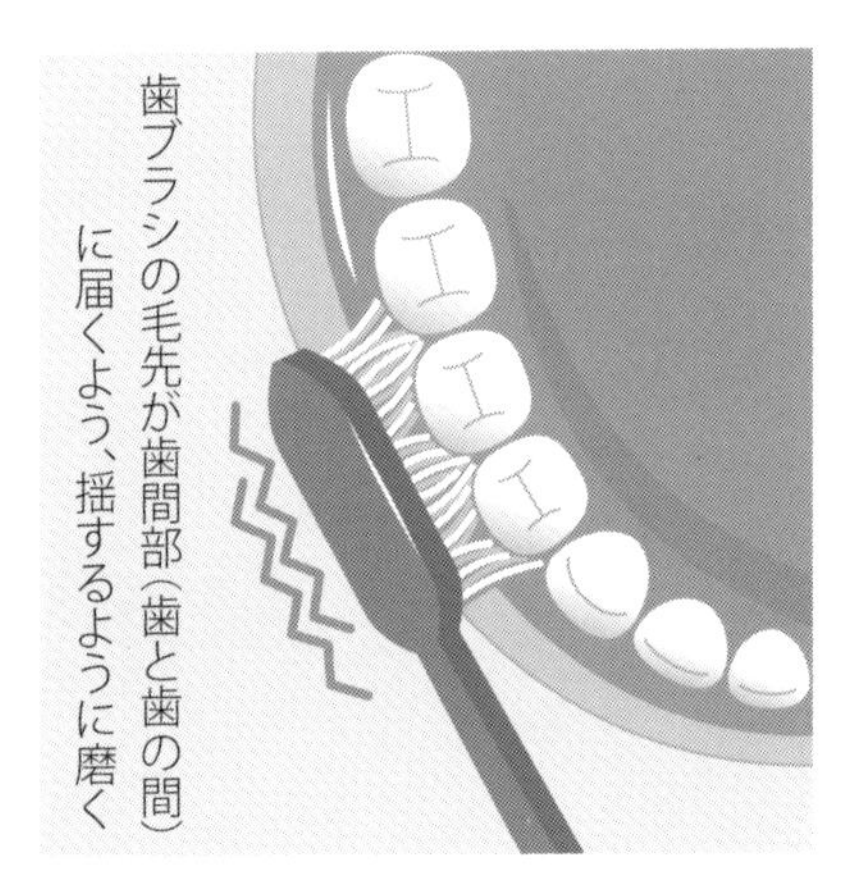

©三弓素青

舌苔は歯周病菌の温床　舌ブラシでケア

舌の表面に白や淡い黄色の苔のような舌苔（ぜったい）がついていないかもチェックを。「舌苔には細菌や食べかすが張り付き、歯周病菌が育つ温床になる。痛みがなければ歯ブラシで奥から手前にそっと拭い、痛みがあるときは市販の舌ケア用のへらやブラシで掃除を。舌苔を取り除くと口臭も予防できる」（天野教授）。

また、口呼吸は唾液量を減らすので要注意。「加齢によっても唾液量は減るので、自覚症状がある人はよく噛むことを意識するだけでなく、耳の下から顎の下にある唾液の出る腺を押す唾液腺マッサージを行って分泌を促してほしい」（天野教授）。

自分の歯で噛める健康な口を守ることは、食べる楽しさだけでなく、会話を弾ませ、社会的な孤立を防ぐことにもつながる。まさに身体的・精神的・社会的という3要素の充実を目指すウェルビーイングの基本だ。日々のこまめなケアで口の健康寿命を延ばそう。

筋肉量は心身の健康指標 朝のたんぱく質摂取で維持を

リモート生活で運動不足になり、階段を駆け上がるのもしんどい……。そんな自覚がある人は筋肉量だけでなく、体の随所で老化リスクが高まっているかもしれない。筋肉量は免疫力や認知機能など全身の健康度を測るバロメーターでもある。立命館大学スポーツ健康科学部の藤田聡教授は「筋肉量を維持するには運動が重要だが、せっかく運動しても十分なたんぱく質が摂取できていないと効果は得られない」と話す。心身の若さを保つために欠かせないたんぱく質摂取と運動のポイントを聞いた。

コロナ禍で活動量が減ったという人は、筋肉量も低下している可能性がある。活動量の減少に伴い、食事から摂るたんぱく質量も減っていたら要注意。どちらも心身を老化や病気から守る力の低下につながるからだ。

1日のたんぱく質　日本人は男性16g・女性7g不足

そもそも日本人はたんぱく質が不足しがち。年齢にもよるが、男性は1日当たりの目標量より最大約16g、女性は7g以上足りないと考えられている※（「令和元年国民健康・栄養調査」「日本人の食事摂取基準2020年版」より）。

※「身体活動レベルが普通の人の目標量の下限」と「摂取量の中央値」の差。

健康な高齢男女（平均年齢72歳）10人を対象に毎日の歩数を普段の3割ほどに減らし、筋肉の減少度合いを見た研究がある。平均歩数を約6000歩から約1400歩に減少させた結果、脚の骨格筋量はわずか2週間で約3・9％減少し、血糖値を下げるホルモンであるインスリンが効きにくくなるインスリン抵抗性が約12％悪化。老化に伴って増える炎症物質も増加したという[1]。藤田教授は「運動不足は短期間のうちに筋肉量を減らし、体内の炎症状態を高めてしまう。一般的に活動量が減少すると食事量も減る傾向があり、筋肉の維持に必要なたんぱく質の不足を引き起こすのも問題」と指摘する。

たんぱく質の摂取不足が病気や老化加速のリスクとなることも、近年の研究で明らかになってきた。国立がん研究センターが国内約8万人を対象に平均18・4年追跡した調査では、エネルギー摂取量に対するたんぱく質摂取量の割合が低いほど、女性では肺炎による死亡リスクが高かった[2]。

国内の高齢者873人を対象にした4年間の追跡調査では、たんぱく質充足度の指標となる血中アルブミン値（血中で浸透圧維持や酸素運搬などに関与するたんぱく質の数値）が低いと認知機能低下リスクが2・06倍に高まった。さらに、赤血球数量まで少なくなるとリスクは2・62倍まで上がっていた[3]（図表4－6－1）。「たんぱく質は全身の細胞を作る材料。骨格筋はもちろん、免疫機能を支える抗体、酸素をすみずみに運ぶ赤血球などもたんぱく質が不足すると作ることができない」（藤田教授）。

低アルブミン状態が定常化し、筋肉や赤血球のようなたんぱく質をもとに作られる組織・成分量まで減少し始めると、病気から心身を守る力まで低下していくというのだ。

図表4-6-1 血液中のたんぱく質量(アルブミン値)が低いほど認知機能低下リスクが高い

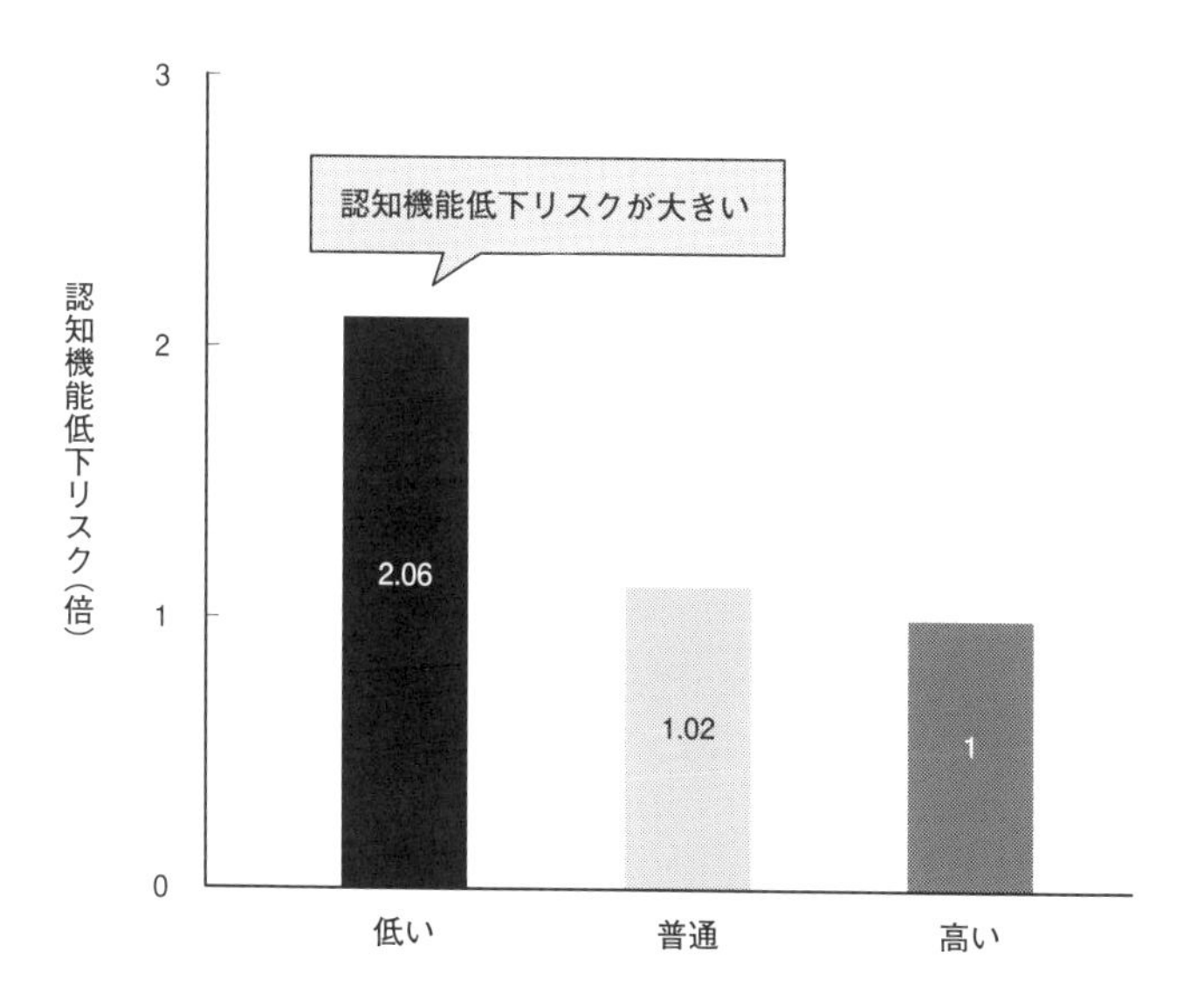

国内の男女873人（平均年齢75.5歳）を対象に最大4年間の追跡調査を実施。たんぱく質の充足度を示す血中アルブミン値が「高い」群を1とすると、「低い」群は認知機能低下リスクが2.06倍になった。(データ：J Gerontol A Biol Sci Med Sci. 2014 Oct;69(10):1276-83.)

筋肉は病気から速やかに回復するための予備能力

十分な筋肉を体に備えておくことは、いざ病気になったときの「保険」としても重要だ。体幹を支える筋肉量と腹部手術の予後について8つの研究を検討したところ、筋肉量が少ないと合併症リスクが大幅に増加し、予後も不良だったという報告がある。[4]「術後に体は筋肉を分解し、アミノ酸を供給することによって、臓器の修復を助けようとする。筋肉は病気にかかっても速やかに健康状態に戻るための予備能力を備えているともいえる」（藤田教授）。

食事でたんぱく質を摂ると、小腸で消化・吸収された後にアミノ酸またはペプチド（2つ以上のアミノ酸が結合したもの）として血中に取り込まれ、骨格筋に運ばれて筋肉の合成に利用される。

しかし、年齢とともに筋肉の合成能力は低下し、若い人と同じ量のたんぱく質を摂っても同じようには筋肉を作れなくなる。一度の摂取で筋肉の合成を最大限に高めるために必要なたんぱく質摂取量は、若者が体重当たり平均約0・24gであるのに対し、高齢者は約0・4gと、およそ1・7倍の量が必要になる。[5]

この理由として、藤田教授は「インスリンには血糖値低下だけでなく、血管拡張作用も

図表4-6-2 筋肉量を増やすには朝食でしっかりたんぱく質を摂るのが効率的

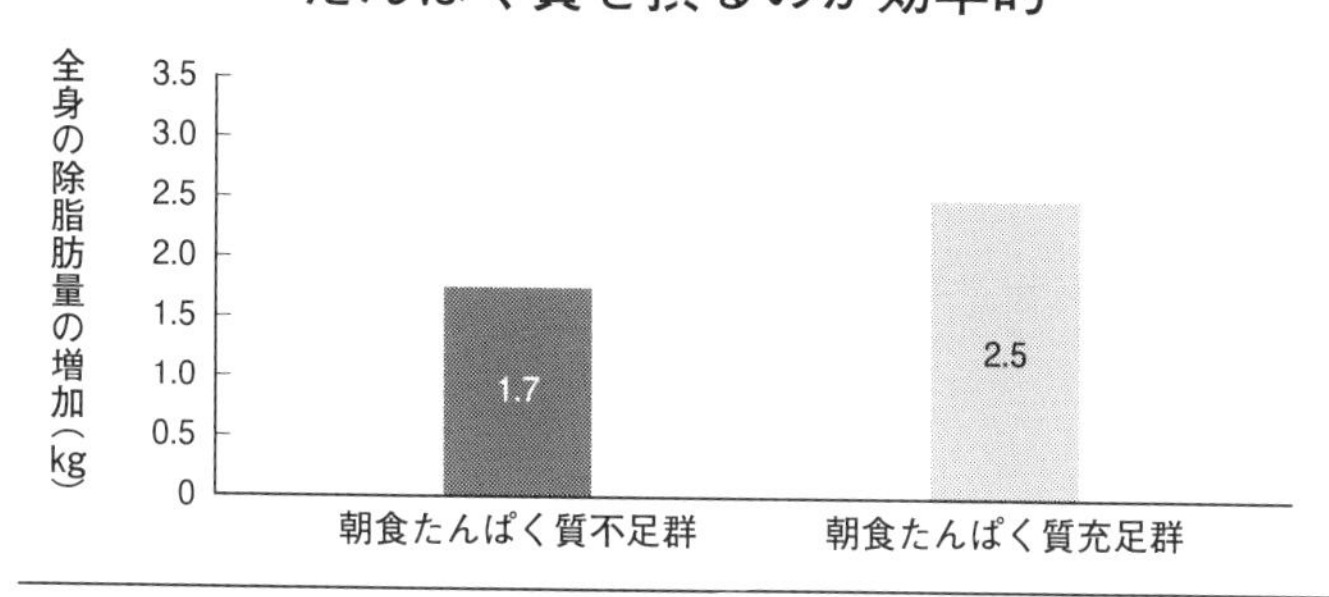

健康な若い男性（平均年齢20.8歳）26人を対象に、朝食でたんぱく質を豊富に摂る群と、朝食のたんぱく質が少ない群（両群とも1日当たりのたんぱく質摂取量は同じ）に分け、週3回の筋トレを行った。12週後、両群とも筋肉量は有意に増加したが、朝食でたんぱく質が豊富な群のほうが増加量が多かった。（データ：J Nutr. 2020 Jul 1;150(7):1845-1851.）

あるが、加齢によってインスリンの効きが悪くなり、アミノ酸を筋肉に送り届ける力が落ちる。さらに、筋肉合成のスイッチを入れる必須アミノ酸のロイシンへの反応も加齢とともに低下する。こうした2つの要因が挙げられる」と説明する。

筋肉を維持するためには、年をとるほど意識してたんぱく質摂取を心がける必要がありそうだ。では、どのように摂取するのが効率的なのだろうか。「朝食で摂るたんぱく質量を増やすのが良い。夕食から朝食までの間は絶食状態が続き、筋肉は分解モードになっているが、朝食でたんぱく質をしっかり摂ると筋肉合成のスイッチが入り、合成力が底上げされる」（藤田教授）。

しかし、この大切な朝のたんぱく質が充足

できていない人は65歳以上では5～7割以上にもなるという調査結果がある[6]。

藤田教授は大学生を対象に、朝食でたんぱく質を豊富に摂った群と朝食のたんぱく質が少ない群（両群とも1日当たりのたんぱく質摂取量は同じ）の2群に分け、12週間の筋肉トレーニングを実施した。その結果、朝食でたんぱく質を豊富に摂った群では筋肉量の増加度が高まることを確認[7]（図表4－6－2）。「運動の効果を最大限に高めるためにも朝のたんぱく質摂取を意識してほしい」（藤田教授）という。

手のひらサイズのたんぱく質食品を朝食に追加

たんぱく質の摂り方のもう1つのコツとして、藤田教授は「手のひらサイズのたんぱく質食品を1単位として考える」ことを薦める。「筋肉合成を維持するための目安は、1食当たり20g以上のたんぱく質を摂ること。手のひらに乗るくらいの量の卵、納豆、チーズ、もしくはコップ1杯の牛乳、ヨーグルト、豆乳にはだいたい6～8gほどのたんぱく質が含まれるので、3単位を取れば約20gになる。日本人の場合、30～64歳では男性は朝食から平均15・2g、女性は14・1gのたんぱく質しか摂れていないので、いつもの朝食に今挙げた手のひらサイズの食品1品を加える必要がある」（藤田教授）。

米国で肥満の成人男女207人が6カ月間のダイエットを行ったところ、たんぱく質摂取量を食事全体の約18%から約20%に増やすと、緑黄色野菜の摂取量が増加し、精製穀物と砂糖の摂取量が減るなどの改善が表れ、カロリー制限下でも筋肉量の低下が抑制されたとする研究報告があった。[8]「たんぱく質は満腹感も高めるので、余分な間食を減らすこともできる。たんぱく質摂取増を意識すると食事全体の質まで改善され、一石二鳥の効果が得られそうだ」(藤田教授)。

たんぱく質摂取とセットで行いたいのが運動だ。誰もが取り入れやすいのがウオーキングなどの有酸素運動。「我々の研究で高齢者に汗をかく程度の早歩きを45分してもらったところ、翌日の筋たんぱく質合成力が若年者レベルまで改善した。[9](図表4-6-3)。運動効果が翌日まで持続していたことから、1日おきのウオーキングでも効果が期待できる」(藤田教授)。適度な有酸素運動には老化とともに増える酸化ストレスを消去する抗酸化酵素の働きを高める作用も期待できるという。

筋肉を増やすためには軽い筋トレも加えたい。「下半身には大きな筋肉が集まっているので、スクワットや脚を前に踏み出すランジがお薦め。習慣化するには無理なく続けられる回数以上はやらないこと。『スクワットを1日2回』くらいから始めるといい。筋肉量が増えるとボディーラインが引き締まり、姿勢も良くなるので、体の内側だけでなく見た

図表4-6-3 有酸素運動で筋たんぱく合成力が改善

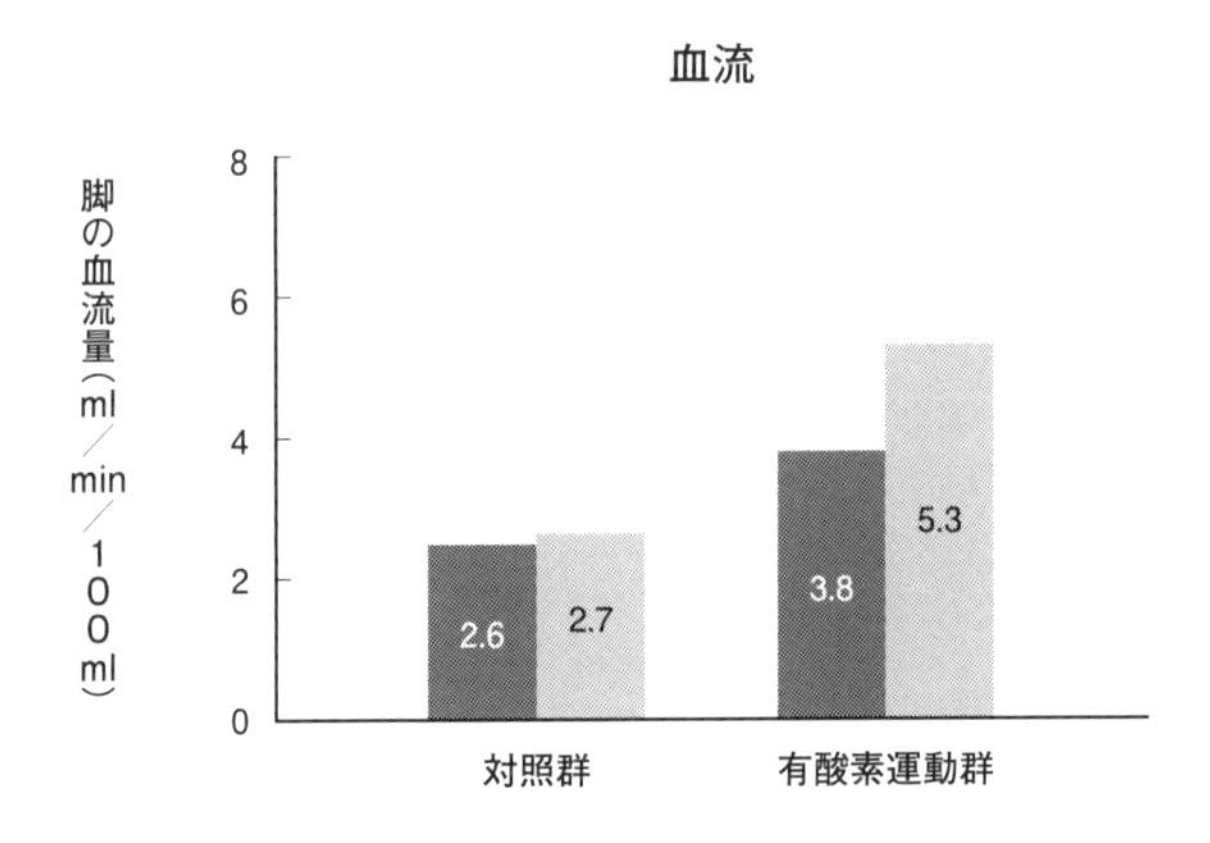

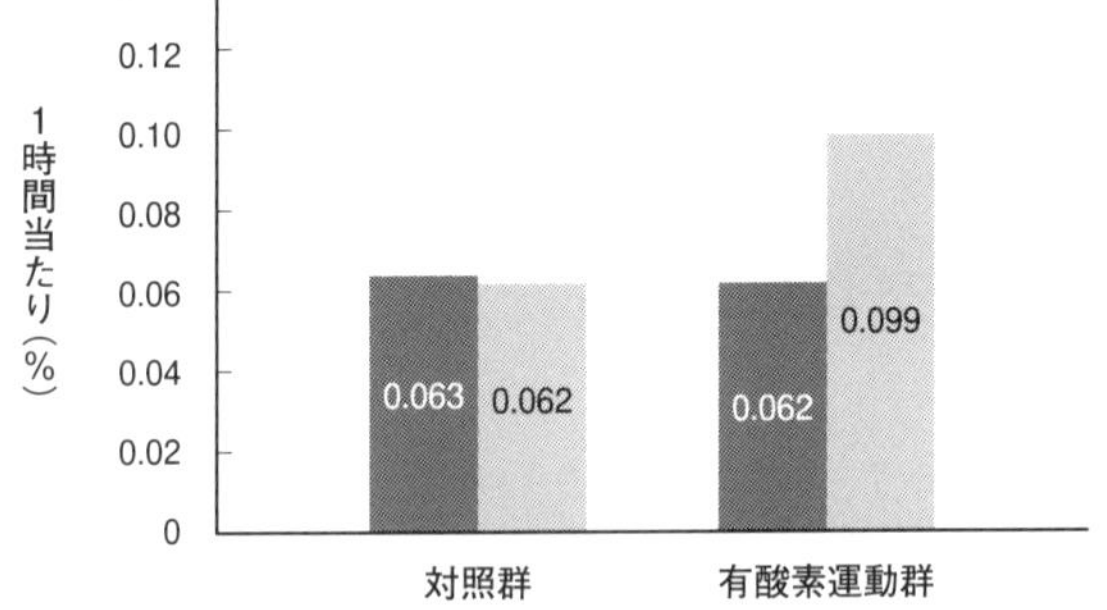

健康な高齢者男女13人（平均年齢69歳）を対照群（休息）と有酸素運動群（45分の単回の有酸素運動）に分け、20時間後にインスリンを下肢に投与し、その刺激による血流の変化と筋たんぱく合成速度を調べた。有酸素運動群は血流、筋たんぱく合成速度ともに有意に改善した。（データ：Diabetes. 2007 Jun;56(6):1615-22.）

目も若返る」（藤田教授）。

朝昼晩の3食で1日に必要なたんぱく質の目安量を摂るのが難しい場合は、こうした運動前あるいは運動後などにプロテイン粉末を摂るのもいい。「プロテインは消化吸収スピードが速く、体に素早く取り込まれ、筋肉の合成スイッチを高める」（藤田教授）。

たんぱく質の一種で美容成分としても人気のコラーゲンペプチドでも、肌の弾力を維持したり、膝関節の動きを改善したりといった機能だけでなく、認知機能改善に有効である可能性を指摘する報告がある。[10] 目的に応じて、たんぱく質関連サプリを使い分けるのも良さそうだ。

朝のたんぱく質摂取と運動。この2つをセットで習慣化し、たんぱく質の力をスローエイジングに活かしていこう。

若い腸年齢が健康長寿のもと食物繊維の摂取がカギ

私たちの腸にすみ着いている腸内細菌が健康や長寿に密接に関わっていることが明らかになってきた。京都府立医科大学大学院の内藤裕二教授は、腸の健康を維持したり、逆に老化を促進したりする要因を解析。腸の老化度を導き出す「gAge（ジーエイジ）※（gut clock of aging ＝腸年齢）」という指標を作った。この指標の精度を高めていけば、その人の健康寿命も予測できるかもしれないという。腸の加齢進行を促す食事や、反対に腸の若さを維持するのに役立つ食事について、内藤教授に聞いた。

高齢になってもなるべく病気知らずでいたいと思うなら、見直したいのが腸の健康。「日本人の平均寿命と健康寿命はこの20年間、いずれも延び続けている。しかし、平均寿命と健康寿命の間には男性は約9年、女性は約12年というギャップがある。この期間は寝たきりなど日常生活に制限があるということ。どうすればこの溝を埋められるか、解決策の1つとして腸の老化促進因子のコントロールがあると考えている」と内藤教授は指摘する。

同じ年齢でも若く見える人や、老けて見える人がいるように、老化は必ずしも同じスピードで進んでいかない。「体の老化度を示す生物学的年齢は人によって異なる。腸内にすむ腸内細菌叢もその年齢を左右している可能性がある」(内藤教授)。

私たちの腸にすむ40兆個とも100兆個ともいわれる腸内細菌の集合体を腸内細菌叢という。近年、研究が一気に進み、腸内細菌叢が炎症性腸疾患や大腸がんなど消化管の病気だけでなく、肥満や2型糖尿病などの生活習慣病や精神疾患といった病気と関わることを示唆する報告が相次いでいる。「若年者と長寿者の腸内細菌叢の比較により、どんな腸内細菌叢をもち、どんな食生活をしている人で病気のリスクが低く、健康長寿の可能性が高いのかが洗い出されてきた。そこで、これまでに学術的な根拠が得られている因子を総合的に評価し、腸内環境からその人の生物学的年齢を推定する指標を作った」と内藤教授は

※「gAge」は、内藤裕二教授の登録商標です。

図表4-7-1 腸年齢のブレーキ要因とアクセル要因

ブレーキ要因

・腸内細菌の多様性の増加
・腸内細菌の代謝物
　ポリアミン
　短鎖脂肪酸
　胆汁酸
　アミノ酸
・健康的食生活
　地中海食
　日本食
　抗炎症食
　カロリー制限

アクセル要因

・腸内細菌の多様性の低下
・酪酸産生菌の減少
・ビフィズス菌の減少
・不健康な食事
　高脂肪食
　高単糖食
　高塩分食
・抗生物質、胃酸分泌抑制薬
・環境汚染物質
・食品添加物、人工甘味料
・都市化、工業化

腸年齢を進めるアクセル要因と進行を抑制するブレーキ要因を落とし込んだ。（図：内藤教授提供データより作成）

話す。それが腸年齢で、腸年齢を進める「アクセル要因」と、若さを維持したり逆戻りさせたりする「ブレーキ要因」を整理すると図表4−7−1のようになる。

腸の老化度　腸年齢チェックリストで確認

内藤教授は私たちが生活習慣や食生活をチェックすることで腸年齢を算出できる「腸年齢チェックリスト」（図表4−7−2）も作成した。「例えば、お酒をよく飲み、こってりした食事が好きな人は腸年齢が進みやすいが、豆腐やイモ、雑穀など植物性食品を取る人は腸に良い作用をもたらす有用菌の占有率が高くなり、腸年齢が進みにくい。自分の生活が腸にどんな影響を与えているのかがわかれば、確実性の高い対策を取ることができる」（内藤教授）。まずは自分の腸年齢を確かめてみよう。

「多くの研究により、腸年齢が進むことで慢性的な炎症が生じることがわかってきた。ここでいう炎症とは感染症によって起こる肺炎のような急性の炎症ではなく、体内で常に起きている微量かつ持続的な炎症のこと」（内藤教授）。なかでも、腸管の表面（上皮細胞）を通過し体に悪さをする異物が侵入するのを防ぐ「バリア機能」の破綻によって起こる炎症は全身に波及し、さまざまな疾患につながる。チェックリストにある「肉類が好き」が

図表4-7-2 腸年齢チェックリスト

腸年齢を維持・戻す要因（項目ごとに－1）	腸年齢を進める要因（項目ごとに＋1）
□ 豆腐、厚揚げが好き	□ 朝食を取らないことが週に4回以上ある
□ 塩分は制限している	□ 外食が週に4回以上ある
□ 玄米、麦など全粒穀類を3食に1度は食べる	□ コーヒーには砂糖を入れる
□ 朝食後に排便することが多い	□ アルコールは週に4回以上飲む
□ 見た目が若いといわれる	□ 野菜不足だと思う
□ 発酵食品が好き	□ 牛、豚、羊など肉類が好き
□ スープより味噌汁が好みである	□ 便秘である
□ 田舎、地方の出身である	□ いきまないと便が出ないことが多い
□ 3人以上のきょうだいがいる	□ コロコロした便のことが多い
□ 週に3回以上運動をしている	□ おなら・便がくさいといわれる
□ 深夜零時までには就寝している	□ 仕事でも、休日でも、運動不足である
	□ タバコを吸う
	□ ストレスを感じている
	□ 寝不足である
	□ 肌荒れや吹き出物で悩んでいる
	□ 胃酸分泌抑制薬を飲んでいる
	□ 抗生物質をよく服薬する
	□ コンビニエンスストアをよく利用する
	□ 仕事、買い物には車で出かける

自分の年齢に合計ポイントを加味すると、腸年齢を導き出せる。内藤教授は腸年齢を臨床試験の効果を見る指標としても今後活用する予定だという。

高じて脂肪を取りすぎる一方、食物繊維の摂取が少なくなると悪玉菌が増え、腸表面を守る粘液層が薄く脆弱になる。「こうして手薄になった腸バリアを通過した細菌や異物などが体内に漏れ出し、炎症を起こしていく。つまり、腸は老化やそれに伴う疾患の起点の1つとなる」(内藤教授)。

京丹後市、百寿者が全国平均の3倍

内藤教授は2017年から百寿者数が全国平均の約3倍に上る長寿地域の京都府京丹後市で、高齢者の腸内細菌叢と健康度合いの関連を調べている。すると、この地域の高齢者の腸内には炎症を抑えたり、異物が体内に侵入するのを防いだりする免疫物質「IgA(免疫グロブリンA)」の分泌を促す「酪酸産生菌」という種類の菌が多く存在していた。さらに、サルコペニア(加齢による骨格筋量や筋力の低下)の人の割合も少なかった。[1]

フィンランドで成人約7200人(平均年齢49・5歳)を15年間追跡した研究をもとに「寿命を短くする腸内細菌はプロテオバクテリア門の菌ではないか」という仮説が、21年に発表されたばかりだが、[2] 京丹後市の高齢者ではこのプロテオバクテリア門の菌の占有率も少なかったという。「酪酸産生菌やビフィズス菌といった有用な働きをする菌は、酸素がある環境では生きられない。健康な人の腸の奥は酸素が入り込まないようにバリアが巡らされているので、これらの有用菌が生きやすい。一方、寿命を短くするプロテオバクテリア門の菌は、多少酸素があっても生き抜くことができる菌。つまり、炎症によって腸管のバリア機能が壊れ、腸管内に酸素が入り込む状態が起きると、このような菌がすみ着きやすくなるのだろう。こうした悪い働きをする菌がすみ着きやすい腸に変わることが老化促進の出発点になると考えられる」(内藤教授)。

京丹後市と京都市に住む人の疾病データを比較した結果、京丹後市では大腸がんの罹患率が約半数で、認知症発症率も低く、血管年齢が若いこともわかってきているという。では、京丹後市の高齢者が疾病に強い腸内細菌叢を維持できている要因は何か。食事調査を行った結果、京丹後市の高齢者は根菜や果物、全粒穀物、イモ類、豆類、海藻を食べる頻度が高かった(図表4-7-3)。

「豆類や全粒穀物に豊富な食物繊維は、酪酸など健康維持の要になる短鎖脂肪酸という物質を作る腸内細菌の餌になる。また、植物性食品はポリフェノールやカロテノイドといった抗炎症や抗酸化作用が強い物質も多く含む。多様な植物性の食品を取ることが腸内細菌叢の多様性を高め、炎症抑制に働いているのだろう」(内藤教授)。また、豆類やイモ類、穀物類には消化されずに腸に届いて有用菌の餌になる難消化性デンプン(レジスタントス

図表4-7-3 京都府京丹後市では多様な植物性食品を取っていた

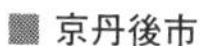

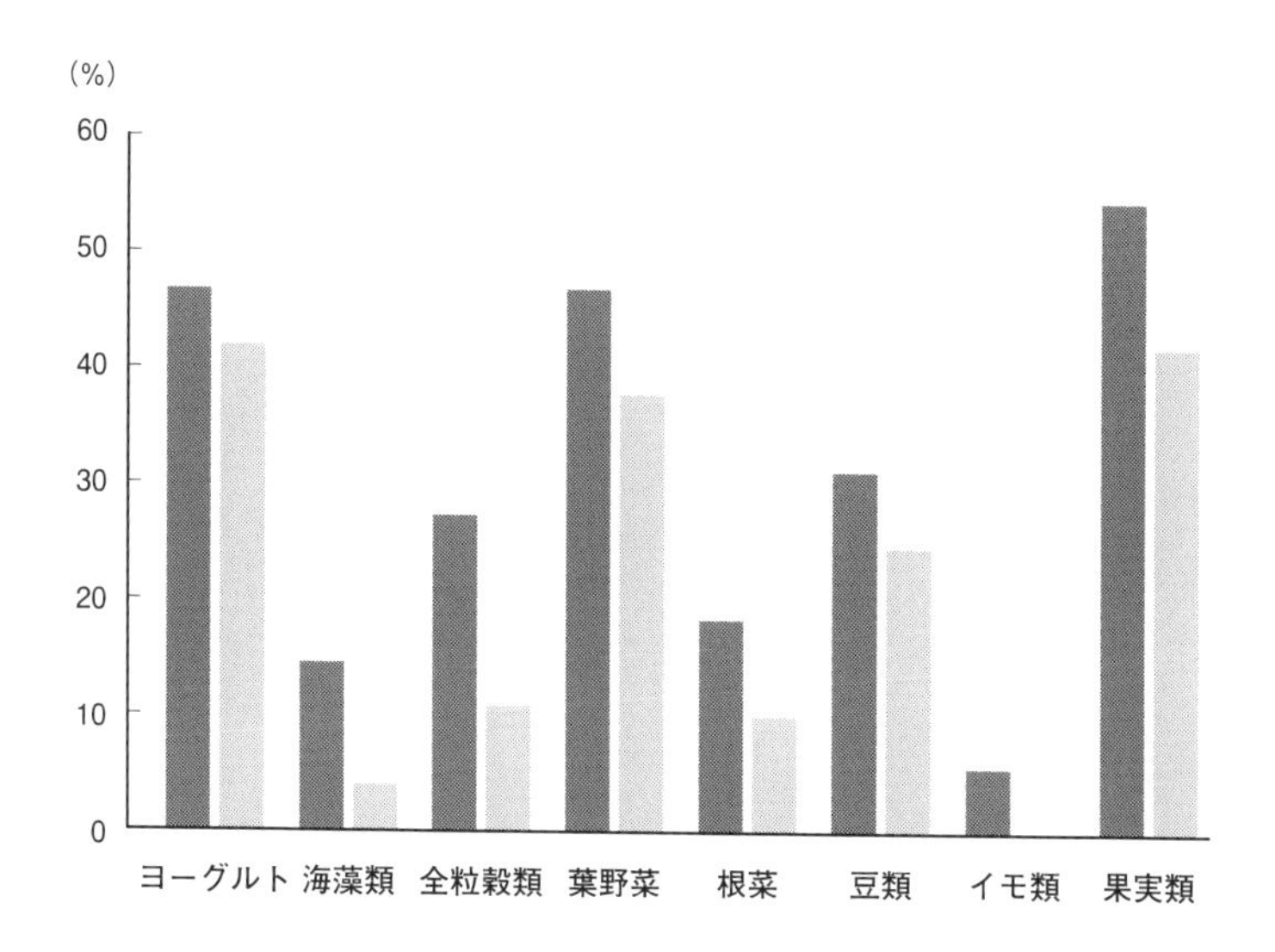

京丹後市と京都市に在住する高齢者（65歳以上、各51人）を対象に食事アンケート調査を実施。京丹後市の高齢者は全粒穀類や海藻、野菜、豆類などの食物繊維を多く含む植物性食品を毎日摂取している割合が高かった。（データ：内藤教授提供データより作成）

ターチ）も豊富だ。がんの遺伝的リスクが高い人を対象に平均2年間、定期的にレジスタントスターチを摂取させた英国の研究では、膵臓がんや胃がん、胆道がんなどを半分以上減少させたという[3]。

「腸の健康を考えるとき、日本人の食生活の一番の弱点は食物繊維量の少なさにあるといっていい。玄米から食物繊維などを取り除いた白米や白パンを主食にしているため、穀物由来の食物繊維摂取量は世界の中でも特に少ない。3食に1食だけでも主食を全粒穀物に変えるだけで、腸年齢進行にブレーキをかけることができるはずだ」（内藤教授）。

慢性的な便秘も要注意

前述の腸年齢チェックリストでは、腸年齢のアクセル要因として便秘に関わるものが4項目挙げられている。「加齢とともに増える便秘は自覚しやすい腸年齢の進行症状といえる」（内藤教授）。慢性的な便秘は老化を進行させるだけでなく、寿命にも関わるとする報告も多い。例えば、排便しようとして強くいきむと血圧が上昇し、心臓に負担がかかることが知られているが、米国で約336万人を約7年間追跡した調査では、便秘で下剤を使用している人は累積死亡率が有意に高くなり（図表4－7－4）、また、主に動脈硬化に

図表4-7-4 便秘は死亡率上昇と関連している

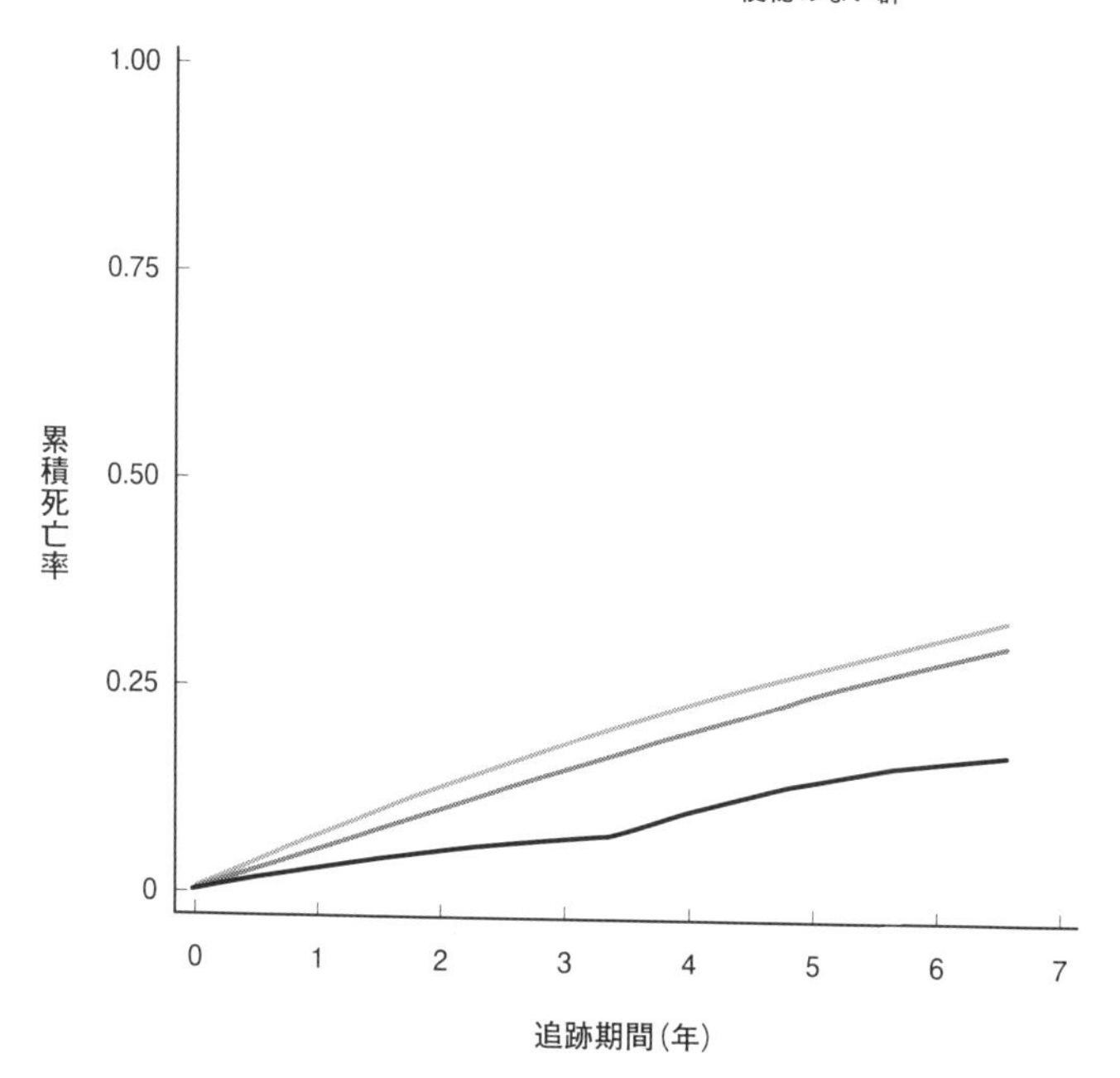

米国の退役軍人約336万人（平均年齢59.8歳）を対象に約7年間の追跡を行った結果、便秘のある群は、ない群と比較して累積死亡率が高く、2種類以上の下剤を使用している群で最も高くなった。（データ：Atherosclerosis. 2019 Feb;281:114-120.）

よって起こる冠動脈心疾患や虚血性脳卒中リスクが高くなった。

内藤教授は便秘と健康長寿の関係について、「食事に含まれる脂肪の吸収を促すために胆汁酸が腸内に分泌されるが、これを腸内細菌が餌にしてできる二次胆汁酸は腸を動かしたり、便の水分量を整えてスムーズな排泄を促したりするのに欠かせない。二次胆汁酸は老化速度を遅らせる働きをもつ物質としても注目されている。しかし、便秘の人では一般に腸内の二次胆汁酸の量が低下する。たかが便秘、されど便秘。便秘の放置は危険だ。下痢傾向の人も大腸の水分調節機能が衰えている。思い当たる人は対策を取ったほうがいい」と説明する。

そのためにも心がけたいのはスムーズな消化吸収と排泄を維持することであり、有用菌の餌となる食物繊維類をしっかり取る食生活だ。腸の健康バランスを崩す「高脂肪食（特に動物性脂肪）」「食物繊維をほとんど含まない高糖質食」「高塩分食」といった偏った食生活はなるべく控えたい。「ドイツで行われた研究で、塩分の取りすぎによって腸内の乳酸菌が減少し、Ｔｈ17という炎症細胞が増加して血圧が上昇することが確認されている」[4]（内藤教授）。

今日から腸年齢のアクセル要因を減らし、ブレーキ要因を増やす生活を始めよう。10年、20年後に腸は、あなたにその恩恵をもたらしてくれるはずだ。

Section 8

脳と腸の意外な関係、認知症にも影響 和食で健康を守る

緊張すると、おなかが痛くなる。逆に、おなかの調子が悪いと、気分まで憂鬱になるという経験はないだろうか。離れた臓器である脳と腸が互いに影響を与え合う「脳腸相関」が確かにあり、そこに腸内細菌叢の状態が関わることがわかってきた。この脳腸相関は現代人の健康寿命を脅かす最大のリスクの1つである認知症にも影響を及ぼすという。腸内細菌叢、食事、認知症の関わりについて研究を進める国立長寿医療研究センターもの忘れセンター副センター長の佐治直樹氏に、私たちが始められそうな対策を聞いた。

図表4-8-1 腸と脳が影響し合う「脳腸相関」

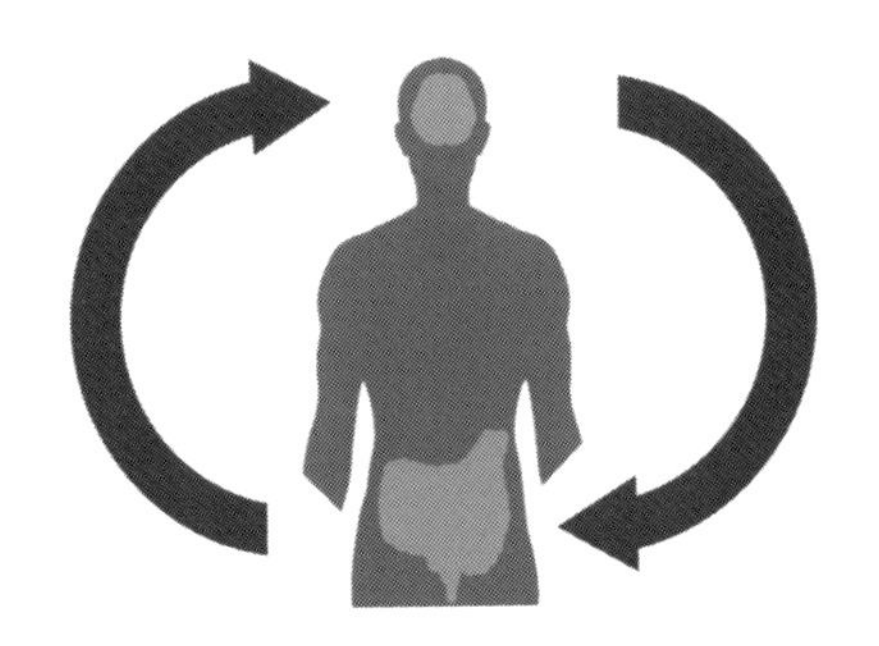

緊張や不安などのストレスを感じると、脳から腸に刺激が伝わり、腸が過敏になる。一方、腸内細菌叢の多様性が失われたり、腸内で何らかの炎症が起きたりすると、脳の働きに悪影響が及ぶ。このような脳と腸の関わりを「脳腸相関」と呼ぶ。

日本語には「断腸の思い」「腹の虫がおさまらない」など、腸が脳という離れた臓器と感情を共有していることを示す表現が多い。今、腸の状態が脳に影響を及ぼし、健康状態も左右することが科学的に解明されつつあるが、私たちははるか昔から脳腸相関の重要性を経験で知っていたのかもしれない（図表4－8－1）。

脳腸相関は多くの人の「腑に落ちる」ためか、人で行った臨床試験の結果を根拠にした機能性表示食品でヒット商品も生まれている。腸を介する仕組みで精神的ストレスや睡眠の質を改善するという乳酸菌飲料などだ。日常的な不調にとどまらず、自閉症や鬱病をはじめ脳に関わる病気と腸の関連の研究も進行中だ。「腸内細菌が作った物質などが脳に影響を与えるルートが存在することが少しずつ発見されている」と佐治氏は指摘する。佐治氏は現代人のヘルシーエイジングにとって最大のリスクの1つである認知症と腸の関係を研究中だ。

腸内細菌が作った代謝産物が認知症リスクを左右する

認知症は記憶力や認知機能の低下により、日常生活全般に困難が生じる病気。加齢に伴い患者数が増加する。その中で最も多くを占めるのが、脳神経が変性し、脳の一部が萎縮するアルツハイマー病だ。この病気と腸内細菌叢の相関を見た研究が多く発表されている。例えば、アルツハイマー病患者25人（平均年齢71歳）と健康な同年代の25人（平均年齢69歳）の腸内細菌叢を解析した米国の研究では、アルツハイマー病患者は腸内細菌の多様性（菌の種類の豊富さ）が乏しく、乳酸菌とビフィズス菌を含む腸内細菌叢の割合が減少していた。[1]

佐治氏が107人の患者を対象に腸内細菌が作った代謝産物を測定すると、複数の代謝産物の中でもアンモニア濃度が認知症リスクを最も高くしている一方、最もリスクを低くしていたのは乳酸濃度だった。具体的には、アンモニア濃度が1標準偏差（SD）上がると認知症リスクは1・6倍に高まり、乳酸濃度が1上がると認知症リスクは0・3倍に抑えられた[2](図表4－8－2)。

「血中アンモニア濃度が高くなると、認知障害やアルツハイマー病のリスクが高まるとか、便中アンモニア濃度は自閉症の子どもで高いといった研究もある。乳酸が腸内で増えているということは、これを作る乳酸菌やビフィズス菌などの有用菌が元気な状態だと考えられる」(佐治氏)。

これらの腸内代謝物に加え、佐治氏が脳腸相関で注目しているのがLPS(リポポリサッカライド)。大腸菌をはじめとする「グラム陰性桿菌」という種類の腸内常在菌の外膜に存在する物質だ。「腸管内でLPSが増えると炎症が起こり、腸のバリア機能が低下する」(佐治氏)。アルツハイマー病で死亡した患者の脳の海馬からLPSが検出されたという驚く研究も発表された[3]。LPSが炎症を促す情報物質を産生して脳に炎症を及ぼし、アルツハイマー病と相関が強いと考えられているアミロイドβの蓄積に関わる可能性も見いだされている。

そこで佐治氏は、認知機能が健常な人や認知症の前段階の軽度認知障害の人、認知症の人の食事内容と血液中のLPS濃度を調べた。すると、LPS濃度は軽度認知障害で有意に高い値を示した。また、LPS濃度が高い人は魚介類の摂取量が少ない傾向があった[4]。

図表4-8-2 認知症のリスクを最も上げるのはアンモニアで、下げるのは乳酸

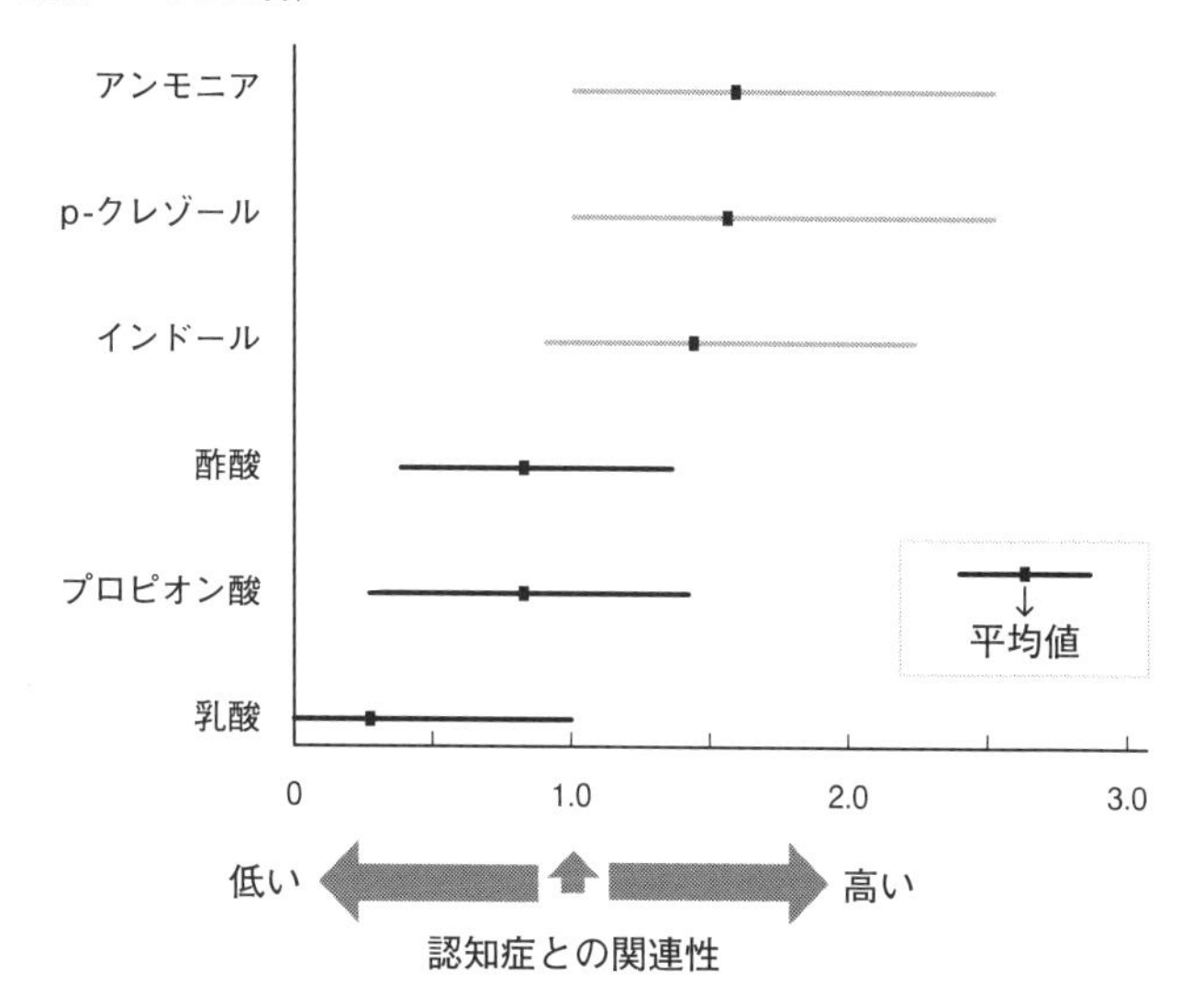

認知症25人を含む107人（平均年齢76歳）の糞便から腸内細菌の代謝産物14種類の濃度を測定し、認知症との関連を調べた。代謝産物の濃度は認知症とそうでない人では異なり、アンモニアは最も認知症リスクを高め、反対に最もリスクが低かったのは乳酸だった。他にリスクを高めていたのは腸の腐敗産物であるp-クレゾールやインドールで、リスクを下げていたのは乳酸と同様、腸に有用な働きをする短鎖脂肪酸の酢酸やプロピオン酸だった。14種類の代謝物質中6種類をグラフ化。いずれも濃度が1標準偏差（SD）上昇したときのリスク。（データ：Sci Rep. 2020 May 18;10(1):8088. をもとに作成）

「体内の常在菌では腸内細菌の数が圧倒的に多いため、腸由来のＬＰＳが何らかの炎症を引き起こし、認知症リスクを高めている可能性がある」（佐治氏）。動物性食品に多く含まれる飽和脂肪酸は血中ＬＰＳ濃度を高め、魚に多いｎ－３系脂肪酸は低くするという研究もある。[5]

腸の状態が脳に悪影響をもたらし、認知症を引き起こすメカニズムについてはいくつか仮説があり、現在解明中だという。「腸内細菌叢がバランスを崩した際に生じるアンモニアやＬＰＳなどの炎症成分が自律神経や血液循環を介して脳に悪影響を及ぼし、腸内細菌が餌を食べて産生する短鎖脂肪酸の一部が炎症抑制に働くというのが興味深い仮説」と佐治氏は語る。

日本食、認知症リスク抑制に貢献か

佐治氏は自身の研究も含め、世界で行われた腸内細菌叢と認知症に関する臨床研究を分析し、論文にまとめている。[6]「認知症には腸内細菌叢の状態が影響しているのはほぼ確実。今後、腸内細菌叢に対する影響が強い食事について精緻に見ていく必要がある」と佐治氏は話す。

図表4-8-3 食事内容を3つに分類

「伝統的日本食スコア」

米飯、味噌、魚介類、緑黄色野菜、海藻類、漬物、緑茶が多い場合、
それぞれ＋1点。牛肉、豚肉、コーヒーは−1点として算出

「現代的日本食スコア」

伝統的日本食スコアに大豆または大豆製品、果物、キノコ類が多いと
それぞれ＋1点として算出

「コーヒーを含む日本食スコア」

現代的日本食スコアにコーヒーを＋1点として算出

図表4-8-4 認知症リスクを下げる食事法や食品がわかった

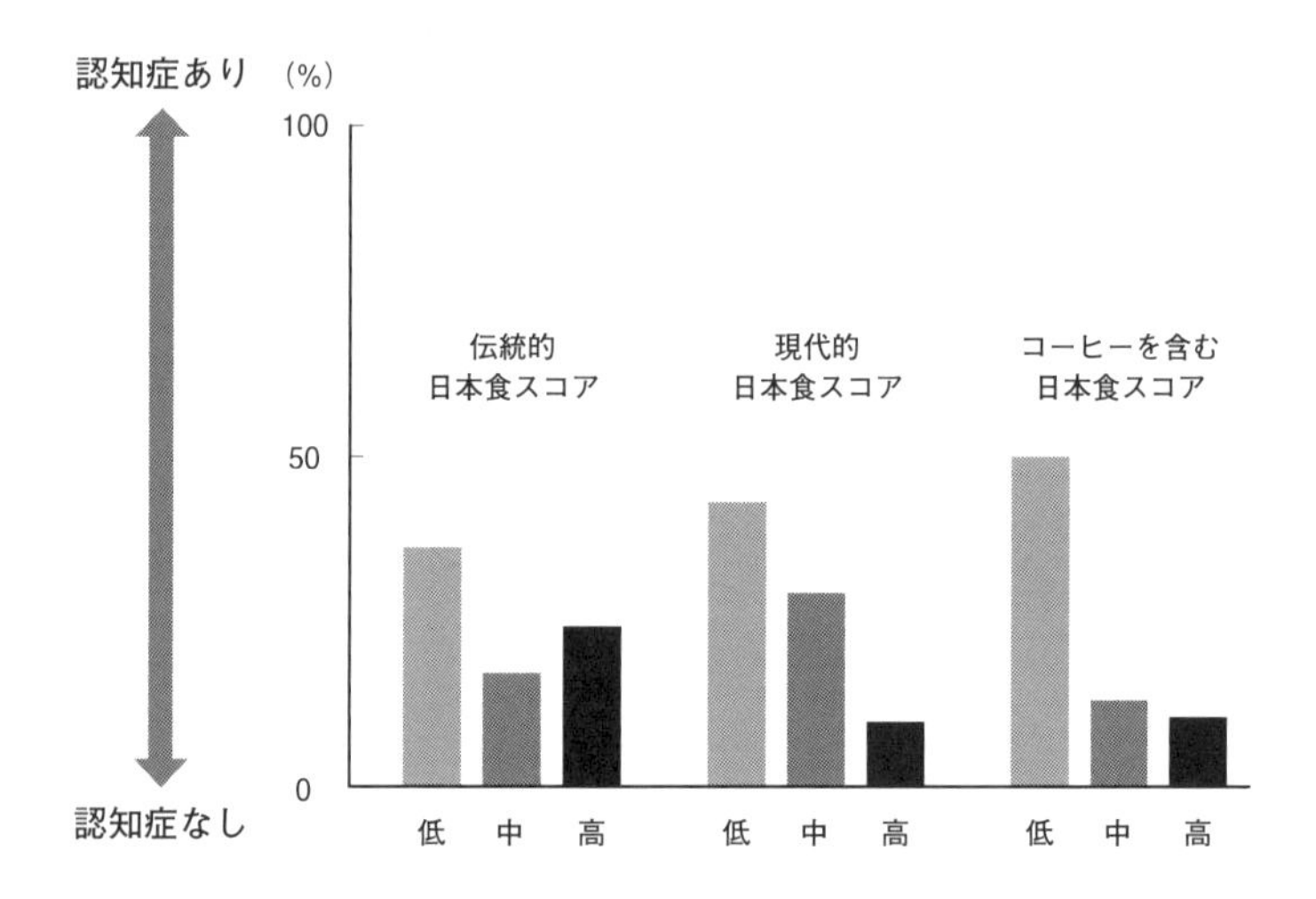

認知症の23人を含む85人（平均年齢75歳）の認知機能と食事内容（「伝統的日本食スコア」「現代的日本食スコア」「コーヒーを含む日本食スコア」で分類）の関連を調べた。その結果、認知症のない人は日本食スコアが高かった。なかでも現代的日本食スコア、コーヒーを含む日本食スコアが高くなるほど認知症有病率が低くなった。（データ：Nutrition. 2022 Feb;94:111524.）

では、どのような食生活が日本人の認知症リスクを抑える可能性があるのか。佐治氏は日本人85人を対象に、その食事内容を「伝統的日本食」「現代的日本食」「コーヒーを含む日本食」の3つに分類し、認知症の関係について解析した（図表4－8－3）。明治期以降、日本の食卓に定着したコーヒーについては世界中で認知機能に好影響とする研究がある。「ファストフードや飽和脂肪酸を多く含む高脂肪食などの西洋型食事は腸内に炎症をもたらし、認知機能低下の危険因子である一方、伝統的日本食は魚や野菜、豆類の摂取が多い地中海食（イタリアやスペインなど地中海沿岸国の伝統的な食文化）と同様に認知症リスクを下げるという報告がある。今回はさらに、どのような食品が認知症リスク低下に関わるのかをあぶり出したいと思った」（佐治氏）。その結果、図表4－8－4のように、大豆、キノコ、果物、コーヒーを含む食事は認知症有病率を下げた。[7]「被験者の血中ＬＰＳ濃度も調べたところ、魚介類と果物はＬＰＳを低下させていた」（佐治氏）。

認知症リスクを下げる可能性がある6つの食品

この研究結果を踏まえ、日本人が認知症を遠ざけるのに役立ちそうな6つの食品とそのポイントをまとめた。

〈大豆製品〉

佐治氏の食事調査でも、大豆の摂取が多い人は認知症リスクが低かった。豆類やイソフラボン（大豆に含まれ、女性ホルモンと似た働きをする成分）の摂取が多いと、認知機能低下リスクが下がるという研究もある。「大豆には抗酸化作用の高いイソフラボンや食物繊維も含まれる。味噌や納豆など日本食を代表する発酵食の材料でもある」（佐治氏）。

〈果物類〉

「腸の炎症物質であるＬＰＳ濃度が低い人は果物類の摂取が多かった」（佐治氏）。果物には腸の有用菌の餌になる水溶性食物繊維、抗酸化作用のあるビタミンＣやポリフェノールが豊富。

〈キノコ類〉

「キノコは大豆と同様に日常的に食べている人、食べない人の差が大きい。キノコには肥満や糖尿病を抑制する効果もある」（佐治氏）。豊富な食物繊維やミネラルのほか、脳機能だけでなく骨や筋肉の維持にも関わるビタミンＤの摂取源にもなる。

〈魚介類〉

魚に含まれる魚油（ＤＨＡ＝ドコサヘキサエン酸）は血液中濃度が高まるほど認知機能低下リスクが下がるという研究もある。「私たちの研究でも魚介類の摂取頻度が多い人は腸の炎症物質であるＬＰＳ濃度が低かった」（佐治氏）。

〈コーヒー〉

食事調査研究で高い認知機能改善効果を示したのがコーヒー。コーヒーはクロロゲン酸というポリフェノールを豊富に含み、日本人の主要なポリフェノール源とする報告もある。11の研究結果（対象者約2万９０００人）を解析した中国の研究では、コーヒー摂取量が最も多い群ではアルツハイマー病リスクが低下することがわかった[8]。

〈プロバイオティクス（乳酸菌、ビフィズス菌など）〉

発酵食品は脳腸相関にも効果を示す可能性が高い。最近、国内で行われて世界的な注目を集めたプロバイオティクス研究が、ビフィズス菌「ＭＣＣ１２７４」を16週間摂取することによって認知機能が改善したというものだ[9]（図表４－８－５）。「被験者を無作為に分けるランダム化比較試験という信頼度の高い試験で得られた結果で、腸内細菌叢の乱れ

図表4-8-5 ビフィズス菌摂取で認知機能が改善

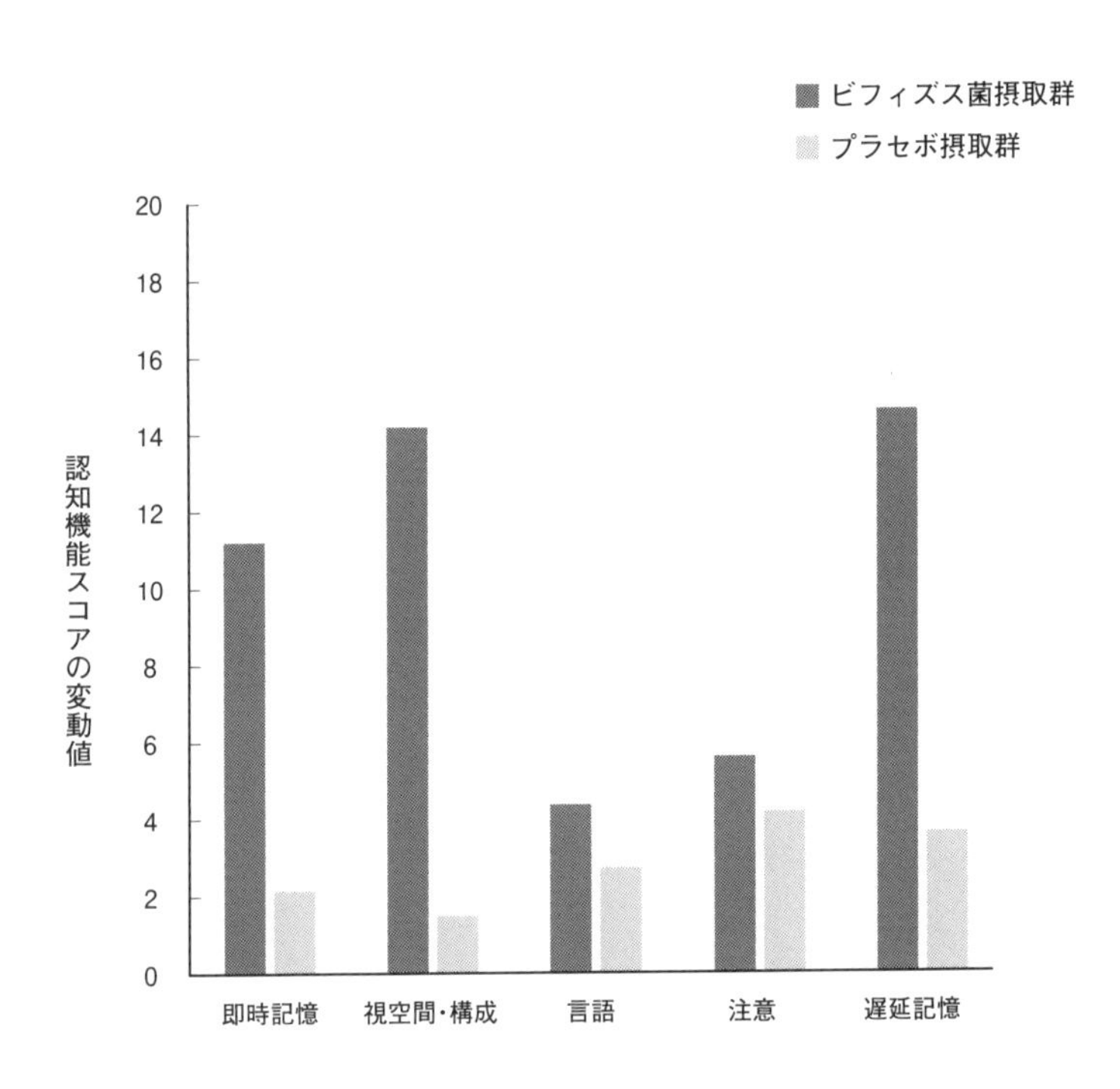

軽度認知障害の症状があるが健康な50〜79歳の80人を対象に、ビフィズス菌「MCC1274」を1日1回摂取する群と、プラセボ（偽薬）摂取群に分けた。16週間後に摂取前後の認知機能スコア（アーバンス神経心理テスト）を比較した結果、ビフィズス菌摂取群では認識のスコアが改善。特に「即時記憶（指示された情報を即時に記憶する）」「視空間・構成（図形などの空間を認識し構成する）」「遅延記憶（単語の再生や物語記憶など）」に関わるスコアが改善した。（データ：J Alzheimers Dis. 2020;77(1):139-147.）

（ディスバイオーシス）を正すことが認知機能改善に役立つ可能性があると考えている」（佐治氏）。

これらの食品は脳腸相関を健全にするのはもちろん、肥満や生活習慣病の予防、見た目の老化予防など若さの維持に多方面から働いてくれる可能性がある。まずは、あなたのライフスタイルに合う食品を選び、意識して食べるようにしてみてはいかがだろう。

ホメオスタシスをつかさどる腸内細菌叢「層別化」で健康寄与度を高める

テクノロジーの進化によって腸内細菌叢を網羅的に解析できるようになり、この腸内細菌叢の振る舞いが私たちの体の「ホメオスタシス(恒常性＝生体の生理機能が常に一定に保たれる仕組み)」の維持に大きく関わることがわかってきた。個人ごとに全く異なる腸内細菌叢にどのような餌を届けるのが有効なのか、その介入ポイントを明らかにし、腸内細菌叢を自在にコントロールする「腸内デザイン※」の実現を目指すメタジェン代表取締役社長CEOで慶應義塾大学先端生命科学研究所の福田真嗣特任教授に、これまでの研究の概要と、私たちがホメオスタシスを保つためのヒントについて聞いた。

「個人差」は腸内細菌叢に左右される

「〇〇に効果的」と表示のある食品を取っても、効果を得られる人と得られない人がいる。病気の治療薬でも効く人、効かない人がいる。ワクチンの抗体価の高まり方や維持のされ方もしかり。これまで漠然と〝個人差によるもの〟とされてきたことの背景には腸内細菌叢の違いがあり、その人の腸内細菌叢に合わせた適切な食や薬を取ることが効果の差に直結するのではないか、という視点で研究を進めているのが、福田特任教授だ。

ヒトの腸内にはおよそ1000種類、38兆個にも及ぶ腸内細菌がすむと見積もられている。「体を構成する遺伝子数は2万5000個程度と見積もられているが、腸内細菌の遺伝子数は数百万個と、人間よりはるかに多いことから、人間は人の細胞と腸内細菌の細胞とで構成されるスーパーオーガニズム（超有機体＝複数の個体で構成されているが1個体に見えるもの）であるといえる」（福田特任教授）。

そのため、腸内細菌叢のバランスが乱れて何らかの破綻を起こすと、私たちの健康を保つホメオスタシス（恒常性）も崩れ始め、その状態が長く続くとさまざまな疾患へとつながっていく。

※「腸内デザイン」は、メタジェンの登録商標です。

「腸内細菌叢の乱れは消化器疾患だけでなく、糖尿病や動脈硬化などの代謝疾患、アレルギーや自己免疫疾患、さらには脳神経疾患など、老化とともに増えてくる全身の疾患につながることがわかってきた。腸内細菌叢が健康に保たれることは、生涯を健康に生きていくために重要なホメオスタシス維持のカギを握ると考えている」（福田特任教授）。

しかし、課題となっているのが冒頭で示した「個人差」だ。「腸内細菌の餌となる食物繊維を摂取することにより、腸内で短鎖脂肪酸が産生されることが知られている。短鎖脂肪酸には免疫機能を高めたり、代謝を正常化したりする効果が報告されているが、ビフィズス菌などの有益とされる菌やオリゴ糖などのプレバイオティクス（腸内細菌の餌となる成分）を摂取しても、それらの効果が表れる人・表れない人が存在する」（福田特任教授）。

福田特任教授はこの腸内細菌叢の「個人差」を最新テクノロジーによって腸内細菌叢の遺伝子レベルで解析する「層別化」という研究とその実装化に取り組んでいる。

健康な成人男女48人の便から腸内細菌の遺伝子を取り出し、腸内細菌叢の組成と、腸内細菌が産生する短鎖脂肪酸量を調べたところ、「腸などに問題が起こっていない健康な人においても腸内細菌叢のパターンは個々人で大きく異なり（図表4－9－1）、しかも腸内細菌叢のパターンが似ている人同士でも短鎖脂肪酸量は異なっていた（図表4－9－2）」（福田特任教授）。

図表4-9-1 腸内細菌叢は個人ごとに異なり、短鎖脂肪酸の産生量も異なる——健常者の腸内細菌叢組成

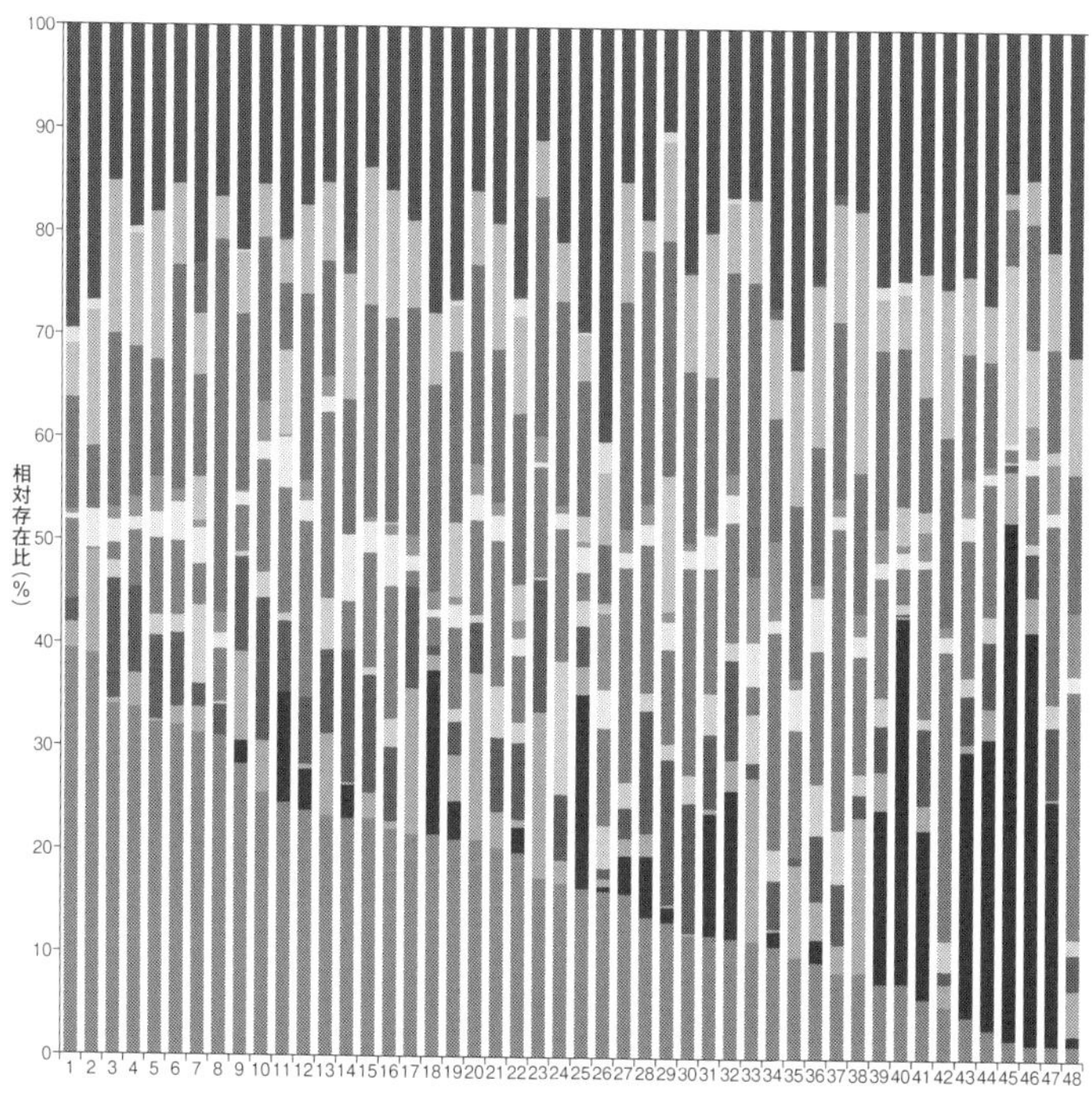

©増田真一

健康な30〜50代の日本人男女48人の便を採取し、便に含まれる腸内細菌叢の遺伝子と、腸内細菌が産生する主な代謝物質である短鎖脂肪酸や有機酸の量を調べた。その結果、健康な人であっても個々人によって腸内細菌叢は異なり、腸内細菌叢が似ている個人間でも短鎖脂肪酸の量は異なっていた。（データ：実験医学. 2021 vol38, 3038. をもとに改変）

図表4-9-2 腸内短鎖脂肪酸量および有機酸量

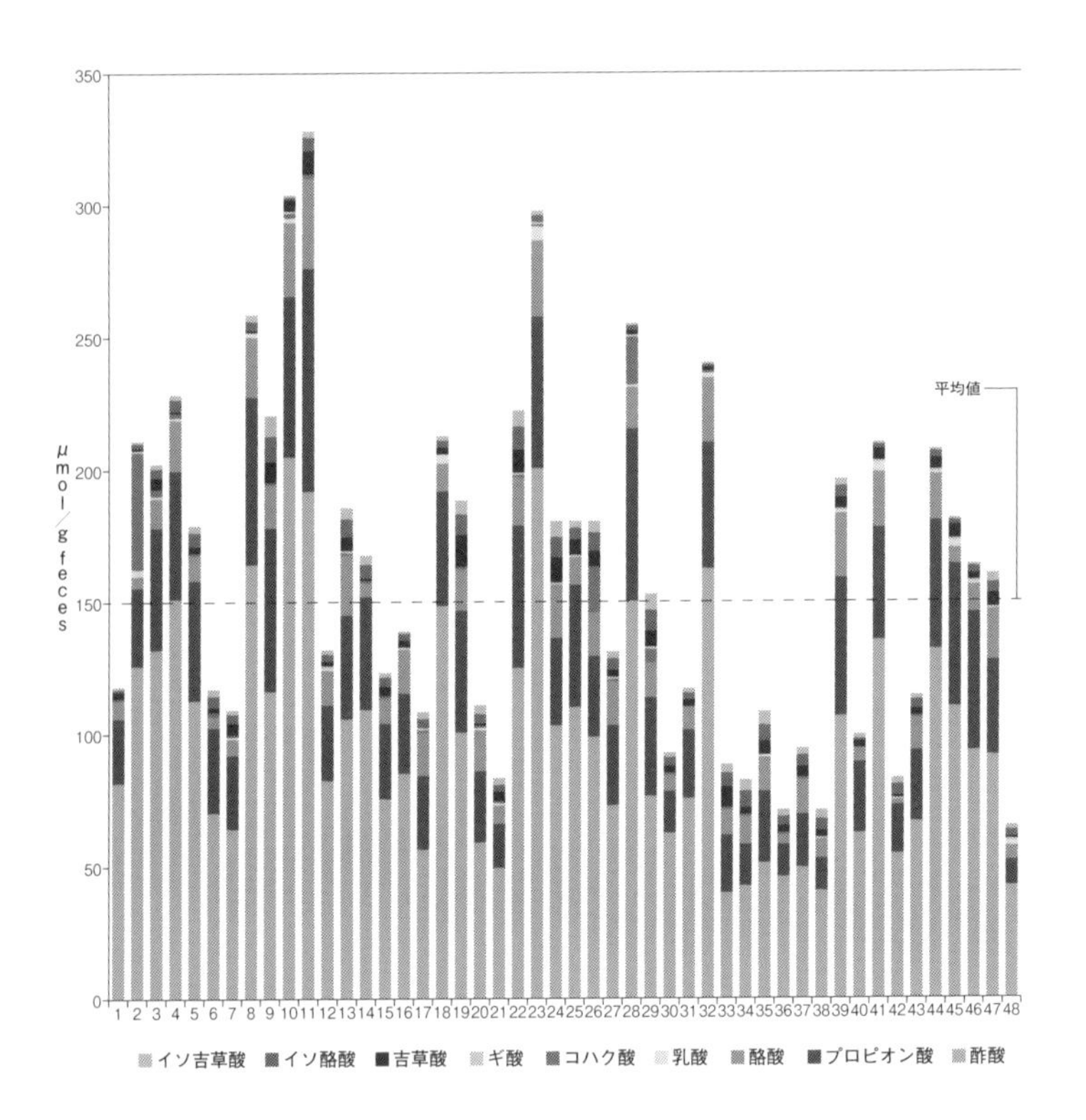

©増田真一

（データ：実験医学. 2021 vol38, 3038. をもとに改変）

さらに7人の腸内細菌叢を2年間追跡調査したところ、「多少のゆらぎはあっても腸内細菌叢の組成は比較的安定していた。個々人の腸内細菌叢には環境の変化に影響されにくい頑健性がある。これが、同じ食品や薬を摂取しても効きやすい人、効きにくい人の個人差を生んでいると考えている」（福田特任教授）。

個々人の腸内細菌叢を意のままに操る「腸内デザイン」

健康な人の場合、個人差はあるが個々人の腸内細菌叢は比較的安定している。その理由について福田特任教授はこのように分析する。

「そもそも腸管内は腸内細菌にとって生存競争を常に繰り広げている極限環境。腸の蠕動（ぜんどう）運動によって常に押し流されながら、その環境下で最も適応した強者、いわばエリートの菌だけが生き残ることを繰り返している。その環境は、私たちそれぞれが生きてきた数十年間の食習慣や培った免疫機能、さらにはライフスタイルに基づいており、これが腸内細菌叢の個人差を生み、いわゆる〝体質の違い〟を規定していると考えている」。

腸内細菌叢の違いは病気の治療効果の差にも影響することがわかってきた。

新たながん治療薬として注目されている免疫チェックポイント阻害薬（抗PD－1抗体

など）を用いたメラノーマ（悪性黒色腫）患者を対象にした米国の臨床試験において、効く人・効かない人に腸内細菌叢の違いがあることが判明したのだ。

２０１８年の研究で、治療効果が高い人は腸内細菌叢の多様性が高く、アッカーマンシア・ムシニフィラやビフィズス菌といった有益な菌の割合が多いと報告された[1~3]。

そして21年、免疫チェックポイント阻害薬による治療効果が認められなかったメラノーマ患者に対し、効果が認められた患者の便を移植してから再度免疫チェックポイント阻害薬で治療する、という臨床試験結果が報告された[4,5]。

「その研究結果を総合すると、免疫チェックポイント阻害薬の治療を受けて効果がなかった25名に対し、効果があった人の便を移植してから再度治療したところ、対象者の36％に免疫チェックポイント阻害薬の効果が認められた。免疫チェックポイント阻害薬は免疫細胞の力を利用してがん細胞を殺す薬だが、そもそも〝免疫系の教育係〟として腸内細菌叢が重要であることがわかった、ということ。今後、がん以外にもさまざまな薬において腸内細菌叢とその効き目の関係性が明らかになっていくはず」（福田特任教授）。

腸内細菌叢の研究分野では、食品や医薬品を摂取した際に効果が得られる人を「レスポンダー」、得られない人を「ノンレスポンダー」と呼ぶ（図表４－９－３）。

「世の中には腸内環境を改善する食品は十分に揃っているが、個人差により適切な選択が

図表 4-9-3 食品や医薬品の効果が得られるかどうかは腸内環境次第？

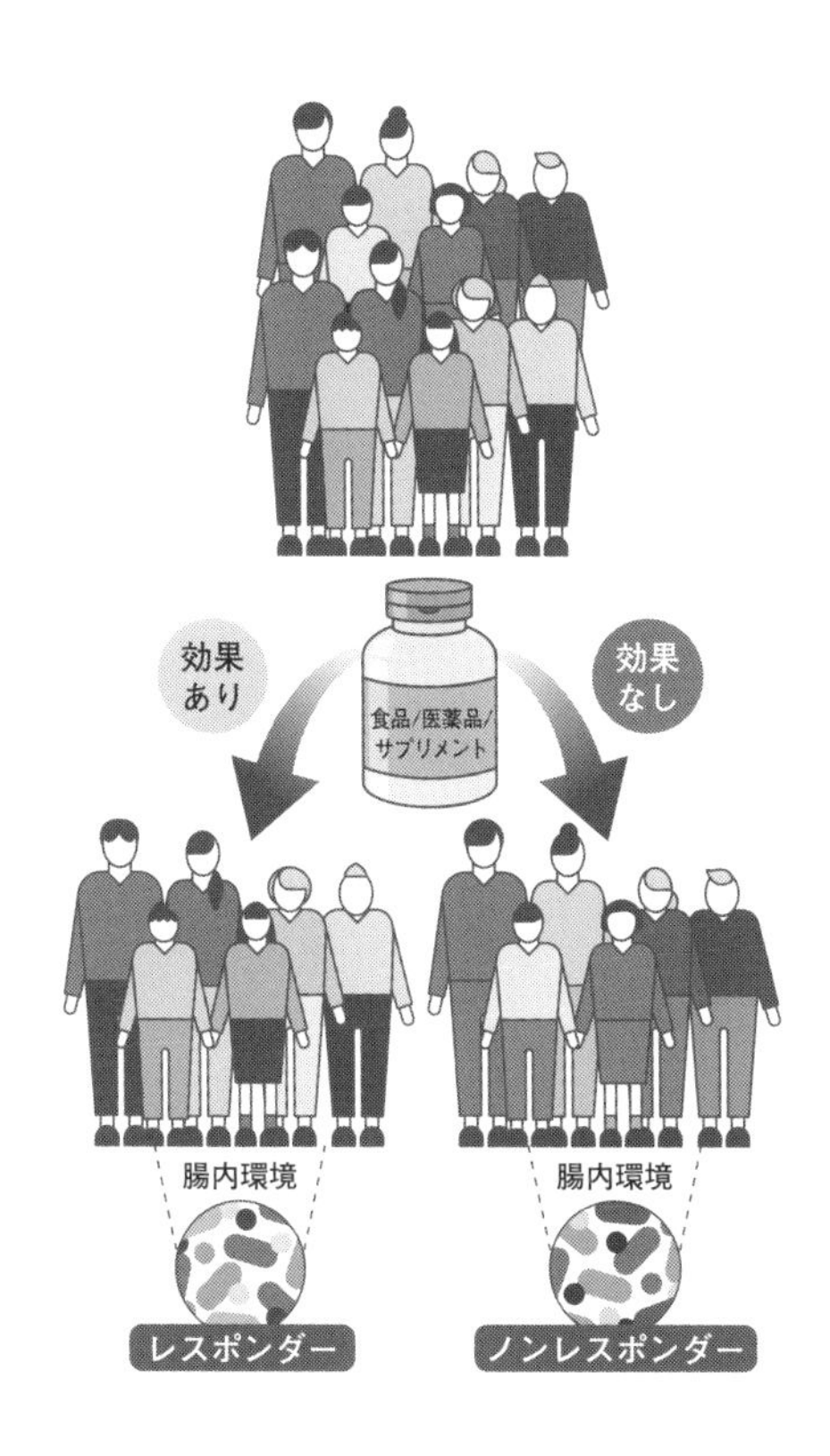

©増田真一

食品やサプリメント、医薬品を摂取したときに効果が得られる「レスポンダー」と得られない「ノンレスポンダー」がいる理由は腸内細菌叢にあるという考えのもと、望ましい効果を確実に得るために、腸内細菌叢を適切に操るのが「腸内デザイン」という発想だ。（図：福田特任教授提供データより作成）

できていないのが現状。自分の腸内環境に合わないものを摂取して効果が得られないノンレスポンダーの腸内細菌叢を適切に改変することで、その素材の効果を得られるようにする、というように、腸内細菌叢を意のままに操る〝腸内デザイン〟を将来的には叶えたい。そのためにも現在は、腸内細菌叢の全容を解き明かす層別化に注力しているところ」（福田特任教授）。

腸内細菌叢は病気が進行する前の「未病」発見にも役立つ

糖尿病の場合は血糖値、高血圧症の場合は血圧、というように病気はバイオマーカーの異常値で判断できる。しかし、腸内細菌叢の状態がわかれば、体に異常値が表れるもっと手前、すなわち未病を感知することができるのではないか、と福田特任教授は考えている。

「ホメオスタシスが乱れ始めると腸内細菌叢のバランスも乱れ、病気を惹起させる代謝物質を腸内細菌叢が作り出し、それが吸収され血液を介して全身を巡ることで最終的に病気を発症する。腸は口から肛門へとつながる〝内なる外〟であるので、体の内部よりもホメオスタシスを保つ力は若干低く、その変化が早めに表れると考えている」（福田特任教授）。

未病発見の糸口として、福田特任教授らは腸内細菌叢を「大腸がんの早期発見」に役立てようと研究を行った。

大腸がんのスクリーニング検査として、便表面に血液が付着しているかどうかを調べる「便潜血検査」が一般的だが、痔による出血などと誤認しやすい。実際に便潜血陽性となった人で内視鏡検査を受け、実際に大腸がんが見つかった割合はわずか5％にとどまる、という国内の研究がある。[6]

腸内細菌叢の情報を読み解けば、内視鏡検査を受けるべき人を適切にスクリーニングできるのではないか。そこで、健康な人、良性ポリープのある人、早期大腸がん患者や悪化した大腸がん患者など616人から便を採取し、腸内細菌叢の遺伝子解析を行ったところ、早期の大腸がん患者を78％の精度で見分けることができる技術を開発できたという。[7]この技術が検査キットとして社会実装されれば、腸内細菌叢の情報から大腸がん患者を高精度で見分けることができることになる。

「大腸がんはまさに腸内細菌と密接な関係にあり、がん化に関わる可能性のある腸内細菌を見いだしている。がんの進行度が進むにつれ特徴的に増える7種類の腸内細菌がわかったが、それらはすべて口腔由来の細菌だった。健康な人からは、これらの口腔細菌は便からほとんど検出されない。なぜ大腸がん患者では口腔細菌が便から検出されるのかの理由はまだわかっていないが、口腔と腸管はつながっていることから、これらの細菌や免疫細胞が密接に関わっているのではないかと考えている」（福田特任教授）。

腸内環境に基づく層別化や、その先の腸内デザインという技術はすぐ先の未来に実現されるだろう。とはいえ、今現在を生きる私たちは、ホメオスタシスを保つために、共生している腸内細菌をどう元気づければいいのだろう。

「近年増加しているような疾患は、その人の食事内容や腸内細菌叢、そしてその人の遺伝子の3要素が関わることで発症していると考えている。ただ、我々の遺伝子はこの30年ほどの間、1世代分しか過ぎていないことからそこまで大きな変化があるとは考えにくく、潰瘍性大腸炎や代謝疾患、がんなどの疾患が激増している背景を考えると、人間の遺伝子変異よりも食習慣や腸内細菌叢の変化が影響していると考えられる。まずは食事内容を見直すことで、腸内細菌叢を良い状態に維持してほしい」（福田特任教授）。

国内外の研究で明らかになっているのは、「多様な食品を取ると、腸内細菌叢の多様性が高まり、短鎖脂肪酸が産生される」ということ（図表4－9－4）。

「穀類や海藻類、さらにオリゴ糖やサプリメントとなっている食物繊維素材もある。いずれも腸内細菌が餌にすることによって短鎖脂肪酸を生み出し、これらが全身を巡ることによってホメオスタシスの維持をはじめ多様な健康効果を得ることができる」（福田特任教授）。

図表4-9-4 短鎖脂肪酸を作るために多様な食材を取ることが大切

腸内細菌が利用できる炭水化物群
（食物繊維やオリゴ糖など）

食物繊維

穀類、海藻類、豆類、野菜類、キノコ類、
果物類、イモ類、種実類など

オリゴ糖

フラクトオリゴ糖、ガラクトオリゴ糖、
マルトオリゴ糖、ミルクオリゴ糖など

食物繊維素材

イヌリン、レジスタントスターチ、ペクチン、グアーガム、
β-グルカン、グルコマンナンなど

腸内細菌による代謝

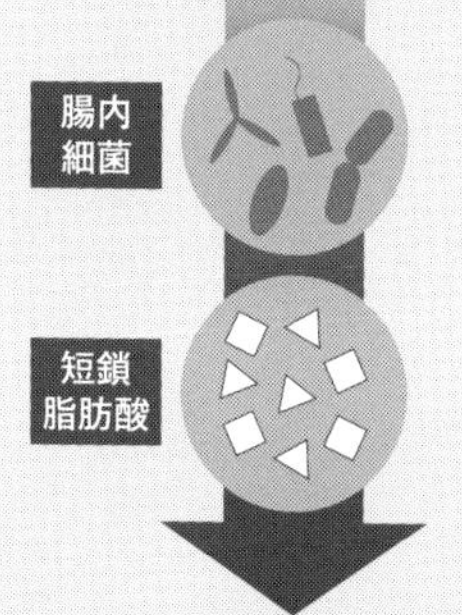

短鎖脂肪酸によりさまざまな健康効果が期待される

効果が期待される領域

・免疫機能　・ホメオスタシス維持　・便秘改善　・持久力
・肌質改善　・抗肥満　・感染症予防　・花粉症予防　・疲労軽減

（図：福田特任教授提供データより作成）

自分のおなかには自分だけの腸内細菌がすんでいる。日々、口から取る食べ物をおなかで待ち受けている腸内細菌叢を意識して、彼らが喜ぶ多様な食事を取るよう心がけたい。それこそが腸を介してホメオスタシスを維持する王道だ。

Section 10

ホメオスタシス維持のために隠れた身体指標を知り、必要な対策につなげる

老化の進行を緩やかにし、心身機能の低下を防ぐためには、体に不調や変調が生じても元に戻そうとするホメオスタシス（恒常性）の維持が重要だ。しかし、通常の健康診断や人間ドックだけではホメオスタシスの乱れを知るには限界がある。こうした検査値の異常として表れていなくても、生じる可能性がある変調はある。それを察知する手段として、2001年より健康寿命ドック（後の抗加齢ドック）を立ち上げ、データ解析を続けてきた百葉の会銀座医院院長補佐・抗加齢センター長で東海大学医学部医学科の久保明客員教授に、ホメオスタシス維持のために知っておきたい老化関連指標と、実践したい対策について聞いた。

ホメオスタシス維持を阻む3要素「酸化」「糖化」「炎症」

ホメオスタシスとは、血糖、血圧、体温、免疫など、体の内部環境を一定状態に保とうとする働きのことをいう。ホメオスタシス維持のためには、体がストレスや病原体などによりダメージを受けても元に戻そうとする働きがあることが必要だ。しかし、年齢とともに「疲れが取れにくい」「風邪が治りにくい」など、「元に戻す」働きが低下してくる。このようなバランスの崩れこそ老化の進行そのものといってもいい。

「ホメオスタシス維持を阻み、老化を促進するのは酸化、糖化、炎症の3要素。これらは三つ巴となって臓器や器官の病的老化を促進する」と久保客員教授は言う（図表4－10－1）。

3つの要素は体にどのような影響を与えるのか。

まず、「酸化」とは、呼吸によって体に取り込んだ酸素の一部が体内で酸化力の強い活性酸素となり、ＤＮＡにまで損傷を与えることをいう。「体内にはこれらを消去する機構も備わるが、この抗酸化力を上回る酸化が生じ続けると、動脈硬化や炎症など病的な老化の原因となる」（久保客員教授）。

「糖化」も、生きるうえでは避けられない要因だ。糖とたんぱく質が熱により結びつくと

図表4-10-1 ホメオスタシス維持を阻み、老化を促進する3つの要因

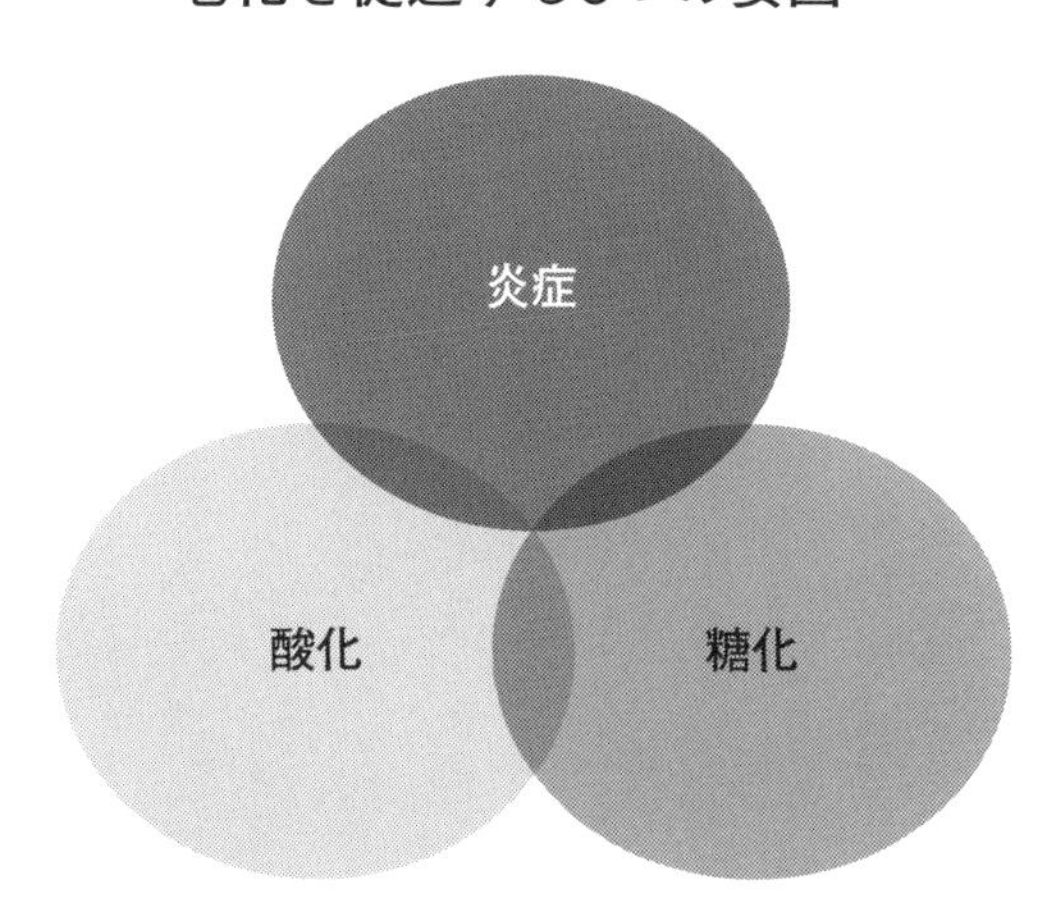

体内で糖化反応が起こり、終末糖化産物AGEs（Advanced Glycation End Products）が体に蓄積する。「糖化による糖化ストレスは、見た目の老化だけでなく、糖尿病の重症化リスクや認知症などさまざまな疾患に及ぶ」（久保客員教授）。

久保客員教授が201人を対象に、65歳未満と65歳以上に分け、皮下で計測したAGEsと肺機能の相関を調べたところ、65歳以上の群ではAGEsの蓄積が多いほど肺機能が低下していた。[1]「心疾患患者69人を対象とした研究でも、AGEsの蓄積度合が高いほど運動耐容能（その人が運動に耐えられる限界）が低くなることがわかった。AGEsが皮下で増えているときには肺や心筋にも蓄積し、炎症を起こしている

可能性がある」（久保客員教授）。

「炎症」は、異物や死んだ細胞などを取り除いてホメオスタシスを維持しようとする仕組みでもあるが、長く続いて慢性炎症になると体の細胞や組織に異常が生じて老化が加速し、病気の発症や重症化にも関わる。「酸化や糖化によって炎症が慢性的に持続すると、その火種は全身に飛び火し、動脈硬化、メタボリックシンドローム、糖尿病、アルツハイマー病、アレルギー疾患や感染症リスクを高めていく」（久保客員教授）。

自分の老化の度合いがわかる、7つの老化指標とは

加齢とともに進行するリスクとなる酸化、糖化、炎症の厄介なところは、明らかな自覚症状が表れにくいところだ。

「広く行われている検診や任意で受診する人間ドックなどでは、早期発見・早期治療を目的とし、すでに存在する疾病の拾い上げとその対処が主な目的となっている。そこから一歩進んで、加齢に伴い病気が発生する前段階から介入するには、違う角度から体内を見ることが必要」と話す久保客員教授は、２００１年から東海大学医学部付属東京病院で「抗加齢ドック」の前身を開設、受診者のデータを解析、それをもとに個別のアドバイスを

行ってきた。

「抗加齢ドックでは、現在の老化の度合いを知る項目、そして今後、老化に影響を与える因子を検査項目に入れている。合計7つの要素の中には、ホメオスタシス維持を阻む酸化、糖化、炎症を知る指標も含まれている」(久保客員教授)。1つずつ、その内容と検査項目を見ていこう。

1 血管の動脈硬化

血管の「硬さ」や「詰まり具合」、動脈硬化の進行度をチェック。

▼主な検査——頸動脈超音波検査、血圧脈波検査、眼底検査

「頸動脈は超音波(エコー)検査をしやすい血管でありながら、全身の動脈硬化を推測したり、脳梗塞リスクを予見できたりする。動脈血管の内膜と中膜の厚さが1・1㎜以上の場合は問題となる」(久保客員教授)。

2 血液の老化度

動脈硬化進行の要因となる血液中の脂質バランスの崩れ、炎症などをチェック。

▼主な検査(血液検査)——LDLコレステロール、HDLコレステロール、中性脂肪、

アディポネクチン、高感度CRP

3　活性酸素・抗酸化力、糖化

体をサビさせる活性酸素の血中濃度とともに活性酸素を消去する「抗酸化物質」の濃度を測定し、そのバランスを評価する。また、糖化の程度もチェック。

▼主な検査（血液検査）——8OHdG、ビタミンA・C・E・B_{12}、AGEs

4　ホルモンバランス

加齢に伴って崩れるホルモンバランス。男女別に年齢に見合ったレベルにあるか、また、成長ホルモンも評価する。

▼主な検査（血液検査）——フリーテストステロン（男性）、エストラジオール（女性）、若返りホルモン（DHEA-S）／成長ホルモン（IGF-1）、甲状腺ホルモン

5　免疫バランス

外敵から身体を守る免疫機能は、加齢により低下する。年齢に応じた免疫バランスが保たれているかを検査。

▼主な検査（血液検査）――ＮＫ細胞活性、ＩＬ－６（インターロイキン６）

６　一般検査

肝機能、腎機能、糖尿病、貧血など内臓機能をチェック。

▼主な検査（血液検査）――白血球・赤血球、肝機能ＧＯＴ（ＡＳＴ）・ＧＰＴ（ＡＬＴ）、血糖、鉄、ＨｂＡ１ｃ、便中ピロリ抗原

７　体の構成

基礎的な身体機能、脂肪・筋肉・骨など体の構成成分、そのバランスの異常をチェックする。

▼主な検査――身長・体重、握力・背筋力、筋肉分布、重心動揺検査、骨密度検査、ロコモチェック

「身体能力と予後を調べた英国の研究では、握力と歩行スピードの低下が将来の骨折や認知機能低下リスクの増加と関連していた[2]（図表４－10－２）。筋肉は量だけではなく、質、また身体能力全般も老化の程度を見る重要な指標になる。これらのほか、認知症リスクを

図表4-10-2 握力や歩行スピードは骨折や認知機能低下リスクと関連する

身体機能の測定	アウトカム(結果)			
	骨折	認知機能低下	心血管疾患	入院・施設収容
握力	++++	+++	++	e
歩行スピード	++++	++	++	++
イスからの立ち上がり	+++	e	+−	e
立位バランス	+++	+−		+

+／e／−の記号の数は試験数を表し、それぞれ下記の試験結果を意味する
+：身体テストの結果とアウトカムの発症に相関あり
e：相関は不明確
−：相関なし
+−：結果は不定

握力、歩行スピード、イスからの立ち上がり、立位バランスと、その後の骨折、認知機能低下、心血管疾患、入院・施設収容リスクの関係を24の論文をもとに解析。その結果、ほとんどの研究において握力と歩行スピードの低下が将来の骨折や認知機能低下リスクの増加と関連していた。(データ：Age Ageing. 2011 Jan;40(1):14-23. をもとに改変)

知るためにアポリポたんぱくE遺伝子の検査も行う」(久保客員教授)。

アポリポたんぱくE遺伝子はアルツハイマー病のバイオマーカーだ。「抗加齢ドック前身の健康寿命ドック受診者のデータベースでは、受診者のうち男性24%、女性20%がアルツハイマー病発症リスクが高くなるアポリポたんぱくE遺伝子の保持者だった。高リスク遺伝子をもっていることがわかれば、進行を遅らせるための生活習慣改善対策へとつなげられる」(久保客員教授)。

ここに挙げた検査項目の中には、検診や人間ドックで調べることが可能なものもある。また、久保客員教授が西崎泰弘主任教授らと開設した「抗加齢ドック」で、多くの検査が可能だ。

食事、運動、休養を意識する。ただし、完璧を目指さないこと

久保客員教授は、抗加齢ドックなどで老化指標を知ることの意味について「情報の自分化、視覚化ができるのがメリット。自分の赤裸々な数値をまずは確かめること。加齢は個人差が大きいので、自分の今の状態を客観視したうえで、個別に必要な対策を実践するほうが効率的といえる」とアドバイスする。

図表4-10-3 抗加齢ドックによる指導後にテストステロン値が上昇した

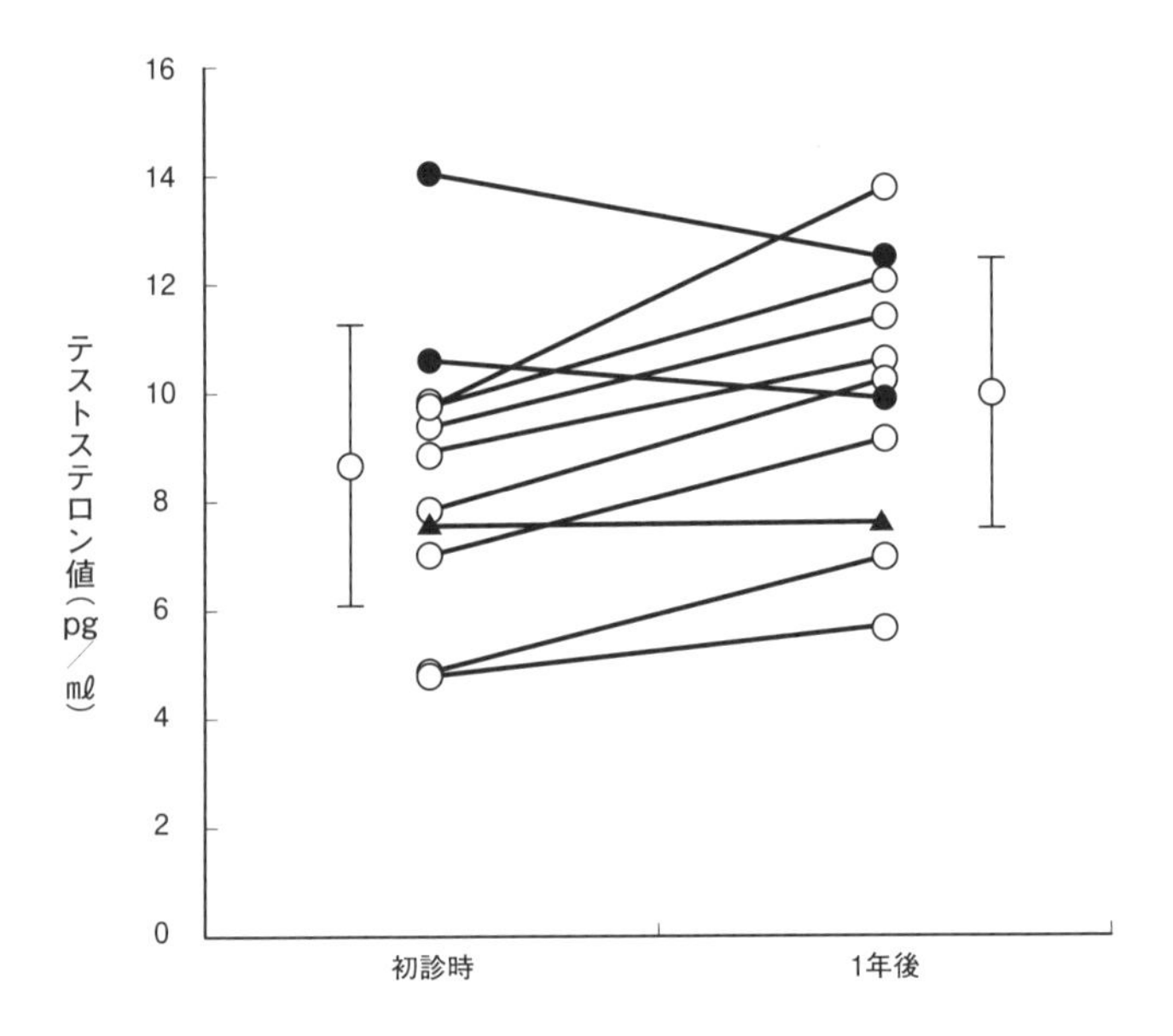

東海大学医学部付属東京病院の抗加齢ドックを受診した男女25名（平均年齢65.1歳）を対象に、初診の結果を受けて生活習慣やサプリメントなどに関するアドバイスを行い、1年後に再度検診を行った。1年後、男性のテストステロン値は平均8.7pg/mℓから平均10.0pg/mℓに上昇した。（データ：Tokai J Exp Clin Med. 2009 Dec 20;34(4):142-51.）

抗加齢ドック受診者に、診断結果をもとにした個別の指導を提供することによって、1年後に加齢により低下していく男性ホルモンのテストステロン値の上昇が見られたという[3]（図表4－10－3）。なお、この研究では、若返りホルモンのＤＨＥＡも上昇傾向を示していた。

研究が示すように、自分に必要な対策を個別で指導してもらうことも、この先の老化予防、そしてホメオスタシス維持には重要な行動といえるだろう。

そのうえで、私たちが共通して意識すべき対策のポイントはあるだろうか。

ちまたには健康にいいとされる食品や生活習慣に関する情報が溢れ、いったい何を選択すればいいのかわからなくなるほどだが、「基本は食事、運動、休養の３本柱を常に意識するとよい」と久保客員教授は言う。

食事＝精製されていない穀物を主食に、植物性食品＋魚からたんぱく質を摂る

「健康長寿との関連が報告されている食事法には多くの共通点がある、というイタリアの研究が２０２２年に発表されたばかり[4]。地中海食、日本および沖縄の伝統食、ノルディック食（ベリー類や野菜、豆、魚介類など北欧の伝統的な食事）は、いずれも精製されてい

ない穀物を含む植物性食品を豊富に摂取し、主に植物性食品や魚からたんぱく質を摂っている。加工食品や砂糖が控えめであることも共通している」（久保客員教授）。

精製されていない穀物には腸内環境を整える食物繊維が豊富だ。また、ベリー類や野菜にはポリフェノールなどの抗酸化物質が豊富に含まれる。

「米国予防医療専門委員会（USPSTF）は、心血管疾患とがんを予防するためのエビデンスに基づいたビタミン、ミネラルの勧告案として、ビタミンD、マルチビタミン、カルシウム、葉酸といった栄養素に関する声明を22年に出している」[5]（久保客員教授）。勧告には、これらの成分を含むサプリメントは抗炎症作用と抗酸化作用を発揮する可能性がある、と記されている。

魚の摂取はビタミンDの充足という意味でも重要だ。「抗加齢ドック受診者では、ビタミンD不足（血中25（OH）D濃度で測定。20ng／ml以上30ng／ml未満を「ビタミンD不足」、20ng／ml未満を「ビタミンD欠乏」と判断する）状態の人が92・4％、ビタミンD欠乏状態の人は48・4％と、ゆゆしき状況にあることがわかった。魚を積極的に取るほか、サプリメントで補うのもいいだろう」（久保客員教授）。

運動＝食後15分歩くことで、食後高血糖も予防する

座り仕事が増え、コロナ禍によるリモート業務が拡大した影響もあり、慢性的な活動不足の人は多いだろう。

国立がん研究センターが8万3034人を対象に行った研究では、身体活動の種類に関係なく、全体的によく動いている人は「寿命前に死亡するリスク」と「がんによる死亡リスク」「心疾患による死亡リスク」の低下が認められた。[6]

「食後に約15分歩くだけでも、食後血糖値をおよそ10～15％程度下げることができ、食後高血糖による炎症や、糖化のリスク低下も期待できる」（久保客員教授）。活動不足の人は、ランチの帰り道に寄り道したり、階段を使ったり、歩いて買い物へ行ったりするなど生活に組み込める程度に体を動かそう。さらに、脂肪燃焼のために有酸素運動、筋肉量やその質を高める筋トレ、関節の可動域を増やすストレッチも実践したい。

休養＝睡眠は7時間を目安に。寝起きの良さで睡眠の質をチェック

日々のストレスや疲労の回復だけでなく、組織が傷ついても元の状態に修復されるホメ

オスタシスの維持の意味でも、良質な睡眠は欠かせない。

「これまでの研究から、睡眠は7時間程度が理想とされている。目覚めたときから起き上がるまでのラグタイムが短い、つまり寝起きが良いと、必要な睡眠が取れていると判断していい」（久保客員教授）。

食事、運動、休養――いずれも大切だが、「そもそも人間は矛盾の複合体なので、正しいことばかり実践しようとして完璧を目指すと長続きしない。まずは1つの生活改善から。続かなくても、3日坊主を繰り返す程度に、肩の力を抜いてやるといい」（久保客員教授）。

今をより心地よく過ごすことができるウェルビーイングな行動を1つずつ実践し、健康維持を実現していこう。

Section 11

「老化細胞」除去で健康長寿へ紫外線防止や禁煙がカギ

加齢に伴って増え、病気のリスクを高めるとされる「老化細胞」を取り除けば、健康長寿に近づけるかもしれないという考え方が注目され、方法の模索が進んでいる。2022年11月２日、炎症を引き起こす作用が特に強いタイプの老化細胞が悪玉で、これを自己の免疫を利用して除去するのが安全で効率的な老化抑制になるかもしれないという研究が科学誌『Nature』に公開された。研究を行った東京大学医科学研究所副所長で、癌防御シグナル分野研究室の中西真教授に、老化細胞除去による健康長寿の可能性と、日常で老化細胞を増やさないための対策について聞いた。

「ゾンビ細胞」の名称も　加齢とともに全身で増加

私たちの体の臓器や組織は年齢を重ねるにつれて、その機能が衰え病気にかかりやすくなっていく。そこに大きく関わるとされるのが老化細胞だ。老化細胞とは、「細胞分裂ができなくなり、本来の役割を果たせなくなっても体の中になお残っている細胞」のこと。「ゾンビ細胞」という名称で呼ばれるのを聞いたことがあるかもしれない。

体内で細胞のＤＮＡが酸化ストレスなどで傷つくと、異常増殖（がん化）することがある。そんなときに分裂を停止し、老化細胞になることは、がん化を防ぐ生体防御の仕組みと考えられてきた。つまり、安全装置的に発生するというわけだ。「さらに近年、老化研究が一気に進み、老化細胞が防御的に働く一方で、増えすぎるとさまざまな組織の老化や加齢性疾患の発症に関わることがわかってきた」と中西教授は言う。

図表４－11－１は、中西教授が臓器に蓄積する老化細胞を一細胞レベルで可視化に成功したもの。マウスの肺で白く光っている部分が老化細胞だ。[1]「全身にあるほぼすべての細胞は一定の回数以上は分裂しなくなり、老化細胞になる。加齢とともに時間をかけて徐々に増え、マウスではヒトでいう若年期で全細胞中の０・２～０・３％、中年期で１％弱、老年期で２～３％を老化細胞が占める」（中西教授）。細胞全体に占める割合こそ少ないが、

図表 4-11-1 肺の老化細胞は加齢とともに増える

２カ月齢

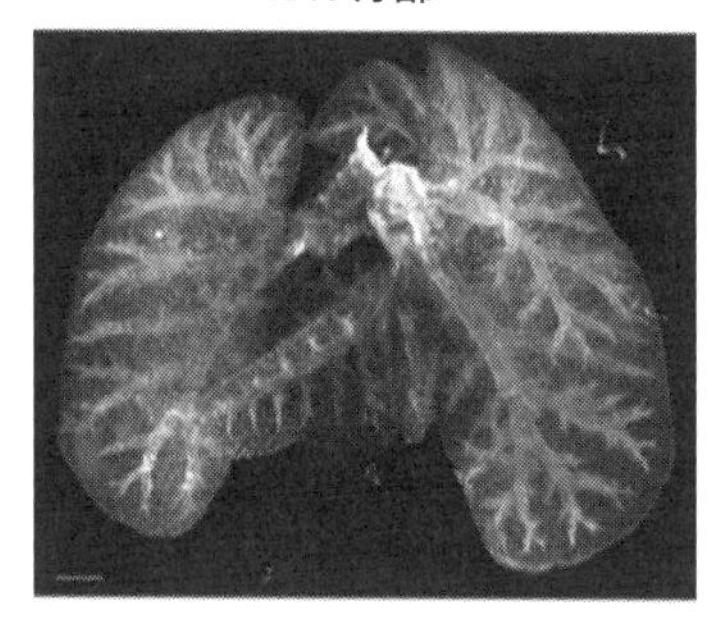

10カ月齢

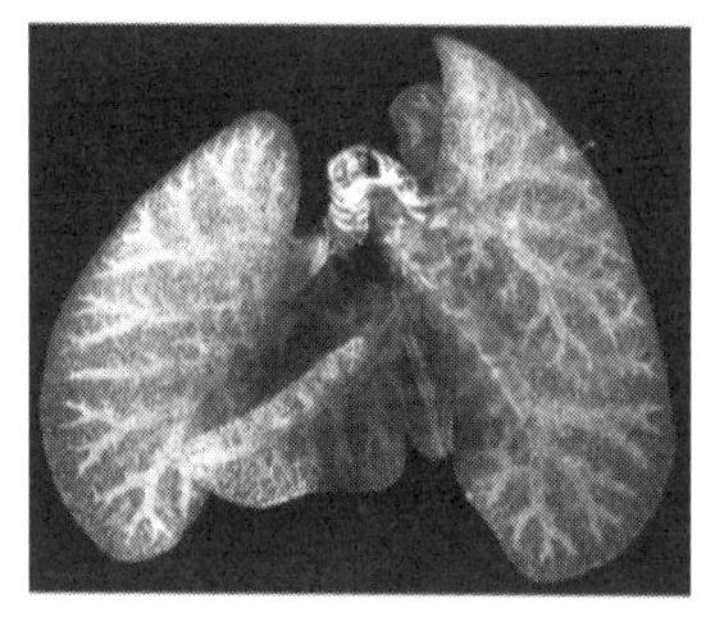

老化細胞を細胞レベルで見ることができるマウスを作成。蛍光標識したマウスの肺では生後2カ月（若年期）より10カ月（中年期）のほうが、老化細胞が多く蓄積することがわかった。（データ：Cell Metab. 2020 Nov 3;32(5):814-828.e6.）

図表4-11-2 老化細胞除去の効果

若いとき

加齢すると……
老化細胞が蓄積して
持続的な慢性炎症を起こす

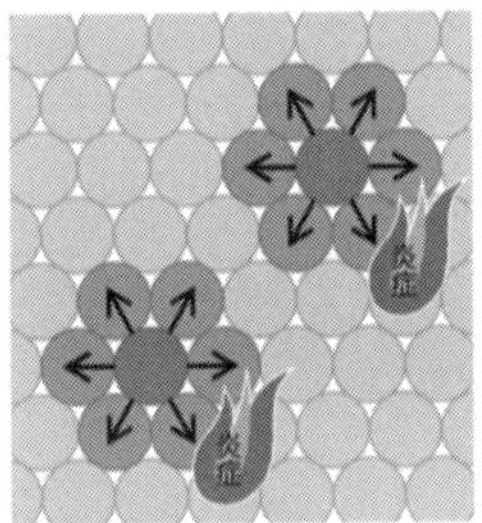

・臓器・組織の機能低下
・老化の促進
・老年病発症

加齢しても……
老化細胞の除去により
炎症を抑制し加齢変化を改善

健康寿命の延伸効果

©三弓素青

加齢により老化細胞が蓄積すると、老化細胞からさまざまな炎症性の物質が分泌され、周囲の正常細胞に炎症を広げる。その結果、臓器や組織の機能低下が起こる。そこで、老化細胞を選択的に取り除くさまざまな「老化細胞除去薬」が開発されている。（データ：中西教授提供の図をもとに作成）

老化細胞は蓄積すると私たちの体にダメージを及ぼす。「問題なのは老化細胞がＳＡＳＰ（senescence-associated secretory phenotype ＝細胞老化関連分泌現象）を起こし、炎症性の生理活性物質を分泌すること。ＳＡＳＰが持続的な慢性炎症を起こすと、老化細胞周囲の組織や臓器に機能低下をもたらし、動脈硬化、糖尿病、慢性腎不全、がん、アルツハイマー病といった老化に伴い増える疾患、いわゆる老年病のリスクを高める。そこで、現在、老化細胞を生体内から除去する老化細胞除去薬（セノリティクス）の研究が世界中で行われている」（中西教授）（図表４－11－２）。

悪玉の老化細胞を特定　既存薬で除去の可能性も

老化細胞の蓄積が老化や老年病発症を促す要因の１つであるということはわかってきたが、老化細胞は多種多様であり、体内のどこにあるのか、性質はどうなのかははっきりしていなかったという。中西教授はいくつもの実験を経て、老化細胞が生き残るにはＧＬＳ１（グルタミナーゼ１）というアミノ酸のグルタミンをグルタミン酸に変える酵素が重要な役割を果たしていることを発見。[2] この酵素がヒトの皮膚でも加齢とともに増えていることを確認した（図表４－11－３）。

図表4-11-3 老化細胞の生存に必要なGLS1は加齢とともに増える

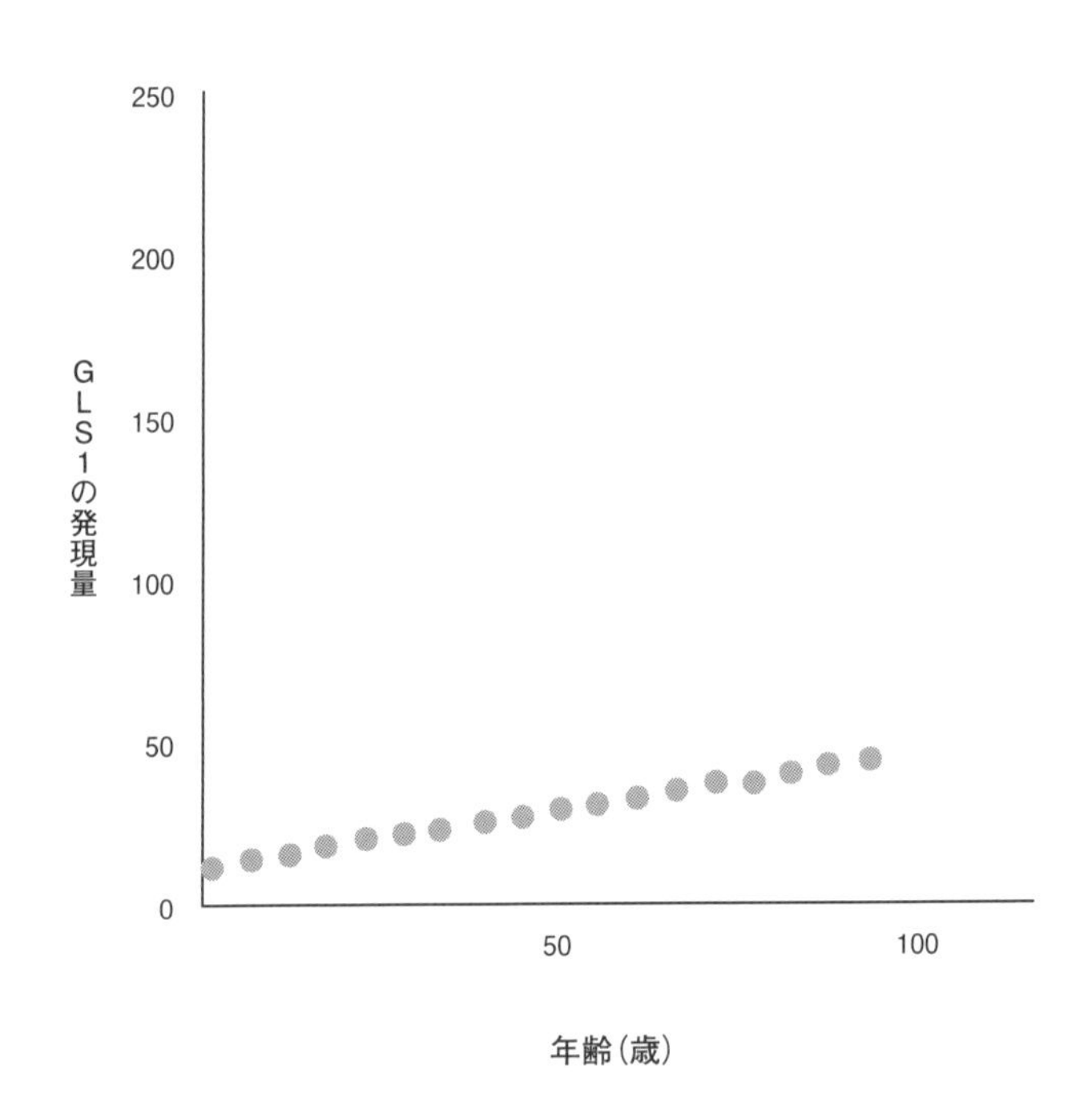

老化細胞が生き抜くために重要なGLS1はヒトの皮膚でも加齢とともに増えることがわかった。（データ：Science. 2021 Jan 15;371(6526):265-270.）

そこで、老齢マウスにGLS1の働きをブロックする「GLS1阻害薬」を投与したところ、各臓器や組織で老化細胞の除去が確認でき、加齢によって生じるさまざまな臓器や組織の機能低下が顕著に改善した。具体的には、腎機能の低下、肺の線維化、肝臓の炎症、動脈硬化が抑えられた。また、GLS1阻害薬を与えたマウスを棒にぶら下げたところ、老齢マウスでは平均30秒ほどで棒から落ちるのに対し、投与群では平均100秒ほどぶら下がることができるようになった。

「ヒトでいえば、握力が70～80代から40～50代に若返ったようなもの。筋肉にも老化細胞が存在し、それが引き起こす炎症により、筋肉を作る筋芽細胞が増えなくなっている。そこに老化細胞を除去したことで、若返りが実現したのではないかと考えている」（中西教授）。

なお、GLS1阻害薬は現在、抗がん剤として米国で臨床試験中の薬だ。その薬が老化細胞の除去にも役立つかもしれないというわけだ。ただ、そもそも悪さをしていない老化細胞まで取り除く必要はないのかもしれない。過度な除去は副作用を招く恐れも拭い去れない。そこで、中西教授はさまざまな種類の老化細胞の中でも特に悪玉の老化細胞を探索。その結果、「PD-L1（Programmed death-ligand 1）老化細胞」がそれだと特定し、成果を『Nature』で発表した[3]。

PD－L1はウイルスやがんと戦うT細胞の表面にくっつき、その機能を抑制するたんぱく質のこと。T細胞が敵と戦う勢いをもったまま暴走して健康な器官などを攻撃しないように、ブレーキ役として働いており、血管内皮細胞やある種の免疫細胞などPD－L1をもつ細胞は体内に広く存在する。一方、賢いがん細胞はこの仕組みを巧妙に利用し、自分を攻撃しようとするT細胞にPD－L1を結合させ、抑制シグナルを伝えて機能不全に陥らせようとする。そこで、がんを攻撃するT細胞にPD－L1が結合しないように作用するのが話題の抗がん薬「免疫チェックポイント阻害薬」だ。

そして、このPD－L1というたんぱく質をもった老化細胞のPD－L1老化細胞こそが、先に触れた老年病の原因となるSASPという炎症物質を大量にまき散らす悪玉老化細胞だと明らかにしたのが、中西教授らによる最新研究。悪玉老化細胞はPD－L1を使ってT細胞にくっついてその力を封じつつ、炎症物質をばらまく（図表4－11－4）。

研究により、老化細胞のうち10％程度がPD－L1老化細胞で、加齢とともに増加し、強い炎症性を示すことがわかった。もう1つの発見は、悪玉老化細胞にもT細胞との結合を邪魔する抗がん薬「免疫チェックポイント阻害薬」が有効だということだ。

中西教授は「今回の発見ではより悪さをする炎症性の高いタイプの老化細胞の正体が明らかになっただけでなく、臨床ですでに患者に使っている免疫チェックポイント阻害薬が

図表4-11-4 悪玉の老化細胞の働きを邪魔する「免疫チェックポイント阻害薬」

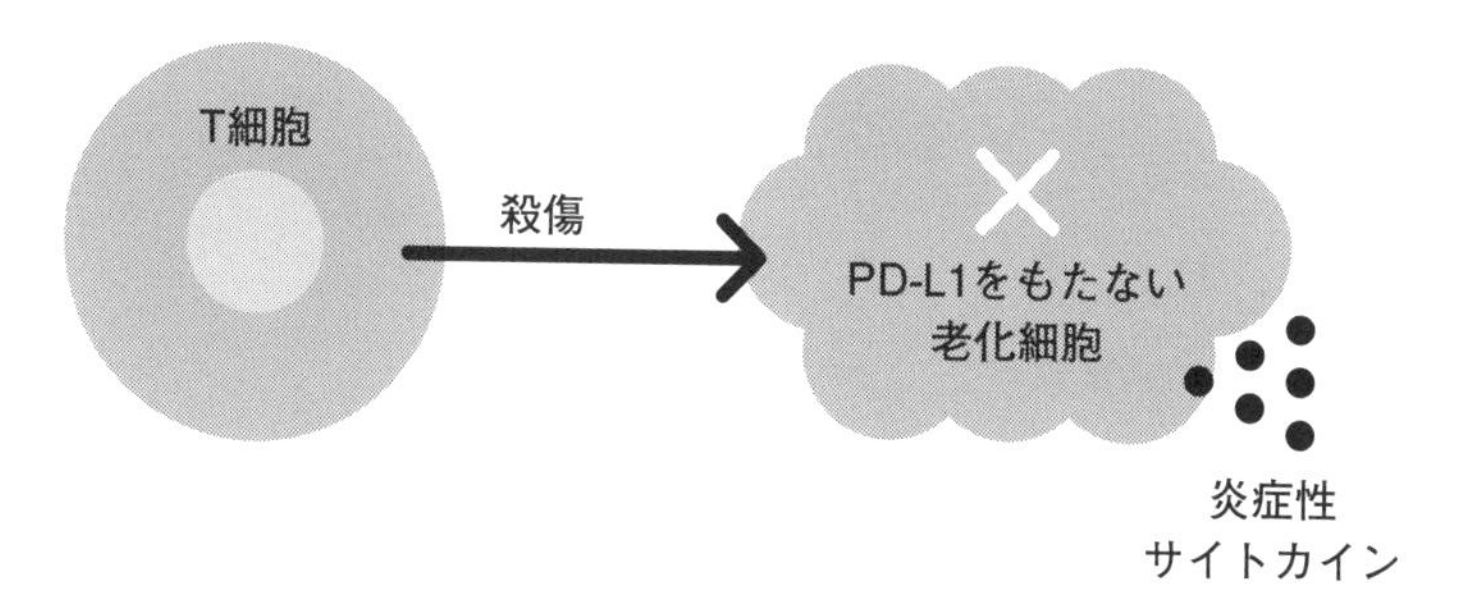

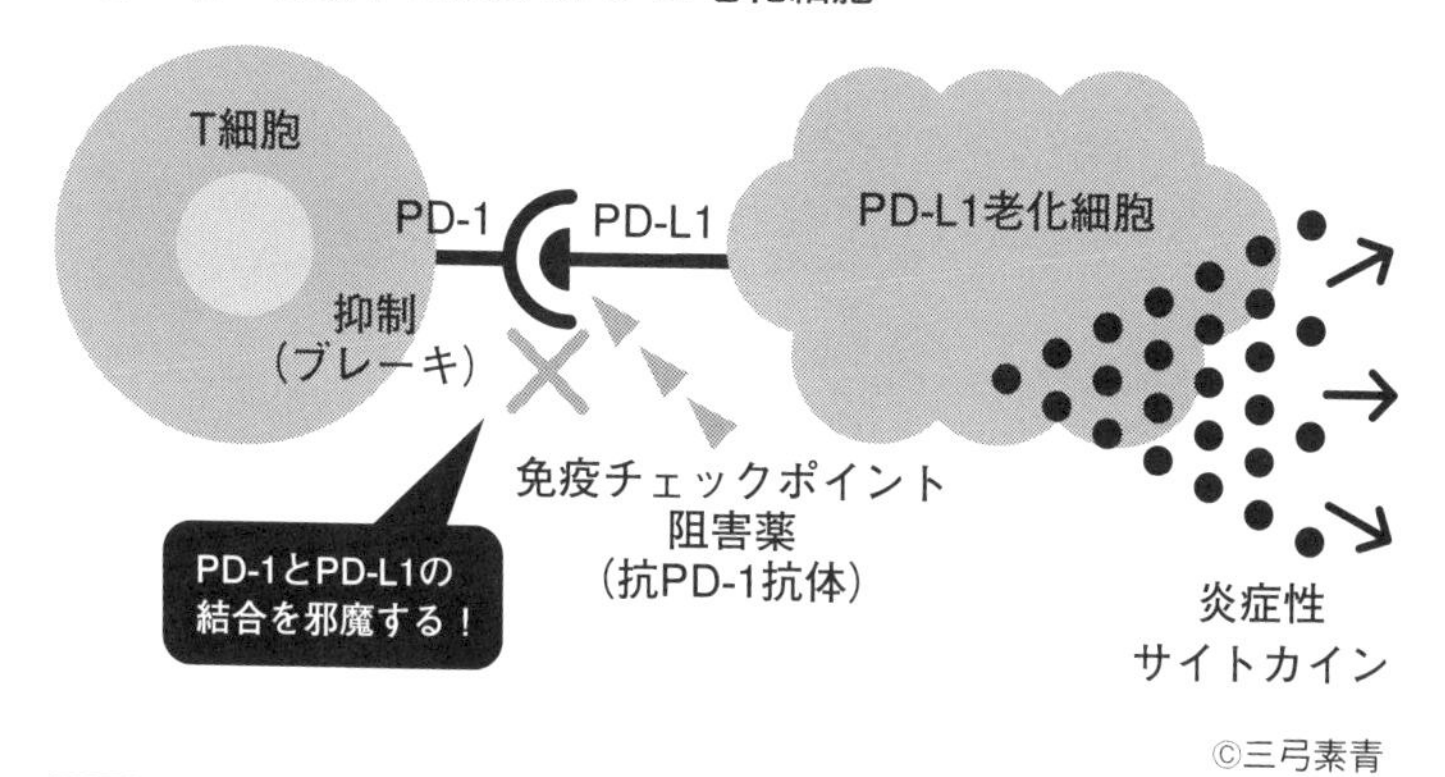

©三弓素青

PD-L1をもたない老化細胞はT細胞が殺傷することができる。しかし、悪玉のPD-L1老化細胞ではPD-L1がT細胞の表面にあるPD-1という分子と結合し、T細胞に攻撃を受けないようにブレーキをかける。そこで、老化細胞がもつPD-L1とT細胞のPD-1が結合しないように働くのが免疫チェックポイント阻害薬だ。（データ：中西教授の図をもとに作成）

効果的な老化細胞除去薬になり得るかもしれないということが重要なポイント」と語る。実際、老齢マウスに免疫チェックポイント阻害薬を投与したところ、肺、肝臓、腎臓においてPD－L1老化細胞が減少。さらに、握力が改善したり、肝臓内の脂肪蓄積が減ったりするといった若返り現象が見られたという。

がん細胞は増殖スピードが速いため、短期間のうちに頻回投与し、徹底的にたたく必要がある。「一方、老化細胞は増殖しない。がん治療とは異なり、数カ月の勝負で減らさなくてはいけないものではない。余計にたまりすぎた分だけを減らせば、組織や臓器の機能を十分に取り戻せる可能性が高い。つまり、老化細胞除去薬として使う場合は本当に悪い老化細胞だけをターゲットにして少量ずつ5年ぐらいかけて投与すればよく、薬の使用量も少なく済み、副作用を伴うことなく、70代の人が50代レベルの体の機能を取り戻すことが可能になるかもしれない」（中西教授）。

老化細胞除去薬の臨床治験対象として中西教授が想定する疾患の1つは、慢性腎臓病だという。「慢性腎臓病には有効な治療薬がなく、腎不全になると人工透析しか手段がないのが現状。ろ過や再吸収という大切な役割をもつ尿細管上皮に老化細胞がたまりやすいことを確認しており、腎機能が低下してきた人に老化細胞除去薬を投与することによって人工透析への移行を抑制できないかと考えている」（中西教授）。

紫外線の浴びすぎや過度な運動に注意

老化細胞除去薬の開発が待たれるが、一方で、私たちがなるべく体内で老化細胞がたまらないよう心がけられることはあるのだろうか。「酸化ストレスや放射線などにより、細胞のＤＮＡに傷がつき、老化細胞が発生することがわかっている。たばこは肺胞での老化細胞増加を促進するので禁煙は必須。また、深いシワができるほど皮膚老化を進める過剰な紫外線も避けたい。軽い運動は呼吸器・心肺の機能を高めて健康に有用だが、過剰な運動は活性酸素を増やしてしまう。ストイックにマラソンやジム通いをすると、どうしても適度なレベルから過度になりがちなので、頑張りすぎに注意したい」（中西教授）。

肥満も慢性炎症を引き起こし、老化細胞が増える要因になるため、適度な体重を保つことも大切だ。老化細胞の除去を目的とする食品成分の研究も複数進行している。例えば、タマネギやリンゴに含まれるポリフェノールのケルセチンはすでに抗がん剤として使用されている「ダサニチブ」という薬との併用によって生体内から老化細胞を除去する可能性があるという[4]。また、イチゴやブドウ、タマネギに含まれるフィセチンというポリフェノールも老化細胞除去活性をもつ候補として研究が行われている[5]。

「身体や脳、空間や時間といったさまざまな制約から人々が解放された社会を実現するこ

図表4-11-5 健康寿命延伸のカギを握る老化細胞除去研究

老化のメカニズム研究

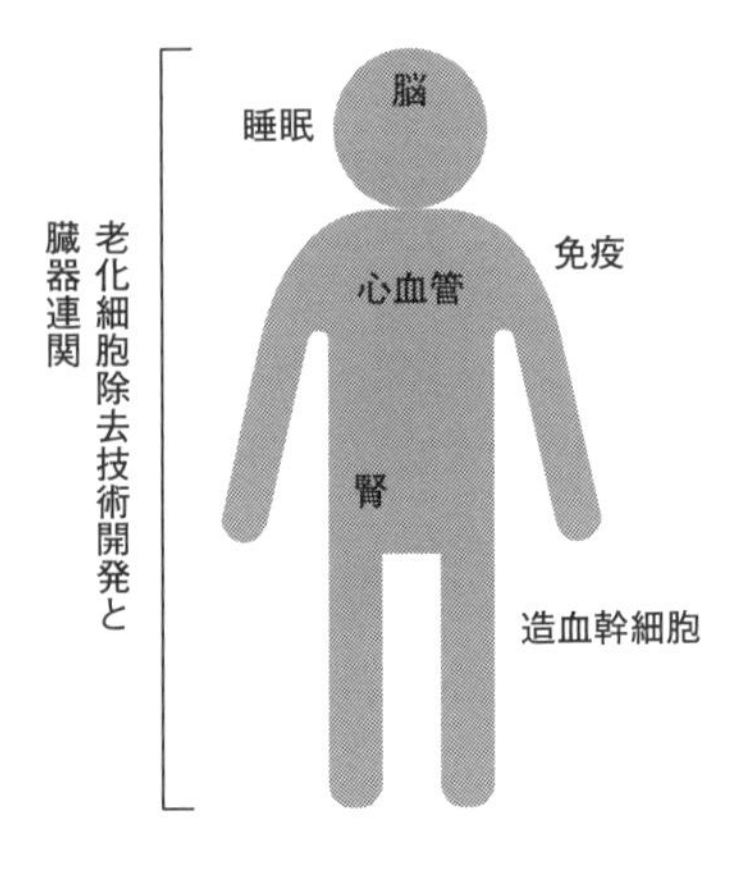

薬開発（老化細胞除去）

腎機能、肝機能
肺線維症、筋力低下
動脈硬化

老化測定技術の開発

ゲノム予測

PET技術

老化マーカー

2040年を目標に、開発した老化細胞除去薬の臨床試験を高齢者を対象に着手・解析。老化度や老化速度を定量的に測る簡便な技術の社会実装にも挑む。（データ：AMED ムーンショット型研究開発事業資料をもとに作成）

と」を目標として日本医療研究開発機構（AMED）が推進する国家プロジェクト「ムーンショット型研究開発事業」で、中西教授は「炎症誘発細胞除去による100歳を目指した健康寿命延伸医療の実現」というプログラムのマネジャーを務めている（図表4－11－5）。

「長寿を素直に喜べない人も多い背後には、老化に伴う健康リスクへの不安がある。老化はどうしようもなく避けられないものという認識を老化細胞除去により覆すことができれば、本当の意味で長寿を喜び楽しめる社会になるはずだ」と中西教授は話す。科学の進歩が老いの不安を払拭してくれる社会が現実のものになるかもしれない。

[3] Science. 2018 Jan 5;359(6371):104-108.
[4] Science. 2021 Feb 5;371(6529):602-609.
[5] Science. 2021 Feb 5;371(6529):595-602.
[6] 人間ドック. 2016;31;34-38
[7] Nat Med. 2019 Jun;25(6):968-976.

Section 10 ホメオスタシス維持のために　隠れた身体指標を知り、必要な対策につなげる

[1] J Phys Ther Sci. 2018 Mar;30(3):413-418.
[2] Age Ageing. 2011 Jan;40(1):14-23.
[3] Tokai J Exp Clin Med. 2009 Dec 20;34(4):142-51.
[4] Nutrients. 2022 Feb 20;14(4):889.
[5] JAMA. 2022;327(23):2326-2333.
[6] Ann Epidemiol. 2008 Jul;18(7):522-30.

Section 11「老化細胞」除去で健康長寿へ　紫外線防止や禁煙がカギ

[1] Cell Metab. 2020 Nov 3;32(5):814-828.e6.
[2] Science. 2021 Jan 15;371(6526):265-270.
[3] Nature. 2022 Nov;611(7935):358-364.
[4] EBioMedicine. 2022 Mar;77:103912.
[5] EBioMedicine. 2018 Oct;36:18-28.

Section 6 筋肉量は心身の健康指標　朝のたんぱく質摂取で維持を

[1] J Clin Endocrinol Metab. 2013 Jun;98(6):2604-12.
[2] Am J Clin Nutr. 2022 Mar 4;115(3):781-789.
[3] J Gerontol A Biol Sci Med Sci. 2014 Oct;69(10):1276-83.
[4] Langenbecks Arch Surg. 2014 Mar;399(3):287-95.
[5] J Gerontol A Biol Sci Med Sci. 2015 Jan;70(1):57-62.
[6] Geriatr Gerontol Int. 2018 May;18(5):723-731.
[7] J Nutr. 2020 Jul 1;150(7):1845-1851.
[8] Obesity (Silver Spring). 2022 Jul;30(7):1411-1419.
[9] Diabetes. 2007 Jun;56(6):1615-22.
[10] Nutrients. 2019 Dec 23;12(1):50.

Section 7 若い腸年齢が健康長寿のもと　食物繊維の摂取がカギ

[1] J Clin Biochem Nutr. 2019 Sep;65(2):125-131.
[2] Nat Commun. 2021 May 11;12(1):2671.
[3] Cancer Prev Res (Phila). 2022 Sep1;15(9):623-634.
[4] Nature. 2017 Nov 30;551(7682):585-589.

Section 8 脳と腸の意外な関係、認知症にも影響　和食で健康を守る

[1] Sci Rep. 2017 Oct 19;7(1):13537.
[2] Sci Rep. 2020 May 18;10(1):8088.
[3] Front Cell Infect Microbiol. 2017 Jul 11;7:318.
[4] J Alzheimers Dis. 2022;86(4):1947-1957.
[5] Br J Nutr. 2020 Oct 14;124(7):654-667.
[6] 老年内科. 2020;2(4):464-472
[7] Nutrition. 2022 Feb;94:111524.
[8] Nutrition. 2016 Jun;32(6):628-36.
[9] J Alzheimers Dis. 2020;77(1):139-147.

Section 9 ホメオスタシスをつかさどる腸内細菌叢　「層別化」で健康寄与度を高める

[1] Science. 2018 Jan 5;359(6371):97-103.
[2] Science. 2018 Jan 5;359(6371):91-97.

Chapter 4 注一覧

Section 1 人生100歳時代に必須 「老化」時計を遅らせる新研究

[1] Nat Aging. 2021 Mar;1(3):295-308.eLife. 2020 May 5;9:e54870.

[2] PLoS Med. 2022 Feb 8;19(2):e1003889.

[3] Nature Aging.2021 vol1: 616-623

Section 2 細胞が若返るオートファジー機能 活性化で老いを抑制

[1] Science. 2004 Nov 5;306(5698):1037-40.

[2] Hepatology. 2016 Dec;64(6):1994-2014.

[3] Nat Commun. 2019 Feb 19;10(1):847.

[4] Nature. 2021 Oct;598(7880):265-266.

[5] Nat Med. 2016 Aug;22(8):879-88.

[6] 薬理と治療. 2021 vol49,10,1715-1728.

Section 3 脂肪、糖、塩 どれを取りすぎても老化が加速

[1] Cell Metab. 2016 Aug 9;24(2):295-310.

[2] Metabol Open. 2022 Feb 9;13:100169.

[3] Nephrol Dial Transplant. 2020 Sep 1;35(9):1501-1517.

[4] Obesity (Silver Spring). 2010 May;18(5):959-65.

[5] Hypertens Res. 2021 May;44(5):595-597.

Section 4 歯周病が健康寿命を縮める 糖尿病や認知症にも悪影響

[1] J Periodontol. 2022 Dec;93(12):1889-1901.

[2] Diabetes Res Clin Pract. 2013 Apr;100(1):53-60.

[3] Alzheimers Res Ther. 2017; 9: 56.

[4] J Alzheimers Dis. 2013;36(4):665-77.

[5] Sci Adv. 2019 Jan 23;5(1):eaau3333.

[6] J Oral Microbiol. 2017 Feb 8;9(1):1281562.

Section 5 寿命を縮める口腔機能低下 若々しく生きるケア法とは

[1] PLoS One. 2013 Jun 5;8(6):e64113.

[2] J Gerontol A Biol Sci Med Sci. 2022 Mar 1;glac052.

[3] J Gerontol A Biol Sci Med Sci. 2018 Nov 10;73(12):1661-1667.

[4] Sci Rep. 2019 Oct 22;9(1):15127.

メディカルクリニック」を設立し16年間院長を務めた後、現職。銀座医院では「プレミアムドック」を立ち上げ、その結果に基づく運動、栄養、点滴療法などを指導・実践する。近著に『カリスマ内科医と組み立てる　DIY健康大全』（晶文社）がある。

Section 11 「老化細胞」除去で健康長寿へ　紫外線防止や禁煙がカギ

中西 真（なかにし・まこと）

東京大学医科学研究所副所長・癌防御シグナル分野研究室教授。名古屋市立大学医学部卒業。同大大学院医学研究科博士課程修了（医学博士）。国立長寿医療研究センター老年病研究部長室、名古屋市立大学大学院医学研究科基礎医科学講座細胞生化学分野教授などを経て現職。老化細胞と個体の老化制御、加齢に伴うがん発症の解明を専門に研究する。

Section 6　筋肉量は心身の健康指標　朝のたんぱく質摂取で維持を

藤田 聡（ふじた・さとし）

立命館大学スポーツ健康科学部スポーツ健康科学科教授。米フロリダ州立大学運動科学部運動生理学専攻修士課程修了。米南カリフォルニア大学キネシオロジー学部運動生理学専攻博士課程修了。東京大学大学院新領域創成科学研究科人間環境学専攻特任助教などを経て、2012年から現職。運動生理学を専門とし、骨格筋たんぱく質の代謝応答について研究している。

Section 7　若い腸年齢が健康長寿のもと　食物繊維の摂取がカギ

内藤裕二（ないとう・ゆうじ）

京都府立医科大学大学院医学研究科生体免疫栄養学講座教授。京都府立医科大学卒業。京都府立医科大学大学院医学研究科消化器内科学教室准教授、および同附属病院内視鏡・超音波診療部部長などを経て2021年より現職。炎症性腸疾患、腸内細菌叢、消化器病学を専門とする。

Section 8　脳と腸の意外な関係、認知症にも影響　和食で健康を守る

佐治直樹（さじ・なおき）

国立長寿医療研究センターもの忘れセンター副センター長。岐阜大学医学部卒業。兵庫県立姫路循環器病センター神経内科医長、神戸大学大学院医学系研究科大学院課程修了（医学博士）、川崎医科大学脳卒中医学教室特任講師・特任准教授などを経て、2015年から現職。腸内細菌と認知機能、脳卒中、心房細動、難聴などについて研究を行う。

Section 9　ホメオスタシスをつかさどる腸内細菌叢 「層別化」で健康寄与度を高める

福田真嗣（ふくだ・しんじ）

慶應義塾大学先端生命科学研究所特任教授。メタジェン代表取締役社長CEO・CGDO。明治大学大学院農学研究科博士課程を修了後、理化学研究所基礎科学特別研究員などを経て2012年より慶應義塾大学先端生命科学研究所特任准教授、2019年より同特任教授。2015年、第1回バイオサイエンスグランプリにて、ビジネスプラン「便から生み出す健康社会」で最優秀賞を受賞し、メタジェンを設立。著書に『もっとよくわかる！腸内細菌叢　“もう1つの臓器”を知り、健康・疾患を制御する！』（羊土社）。

Section 10　ホメオスタシス維持のために　隠れた身体指標を知り、必要な対策につなげる

久保 明（くぼ・あきら）

百葉の会銀座医院院長補佐・抗加齢センター長、東海大学医学部医学科客員教授。日本臨床栄養協会副理事長。医学博士。慶應義塾大学医学部卒業。米ワシントン州立大学医学部動脈硬化研究部門に留学、帰国後、一貫して予防医療とアンチエイジング医学に取り組む。「高輪

Chapter 4　取材協力

（掲載順、敬称略）

Section 1　人生100歳時代に必須　「老化」時計を遅らせる新研究

山田秀和（やまだ・ひでかず）

近畿大学アンチエイジングセンター客員教授。近畿大学奈良病院皮膚科客員教授を併任。日本抗加齢医学会理事長。近畿大学医学部卒業後、同大学院医学科博士課程修了。2007年、近畿大学アンチエイジングセンターを創設。日本皮膚科学会専門医。日本アレルギー学会専門医。日本東洋医学会専門医。老化時計（Aging Clock）など生物学的年齢計測を用いて、老化速度のコントロールや若返り治療のための研究を進める。

Section 2　細胞が若返るオートファジー機能　活性化で老いを抑制

吉森 保（よしもり・たもつ）

大阪大学大学院生命機能研究科教授、医学系研究科教授。生命科学者、専門は細胞生物学。医学博士。大阪大学理学部生物学科卒業後、同大学院医学研究科博士課程中退、私大助手、ドイツ留学ののち、1996年、オートファジー研究のパイオニアである大隅良典栄誉教授（2016年ノーベル生理学・医学賞受賞）が基礎生物学研究所でラボを立ち上げたときに助教授として参加。17年、大阪大学栄誉教授。18年、同大学院生命機能研究科長。著書に『LIFE SCIENCE（ライフサイエンス）長生きせざるをえない時代の生命科学講義』（日経BP）、『生命を守るしくみ　オートファジー　老化、寿命、病気を左右する精巧なメカニズム』（講談社）などがある。

Section 3　脂肪、糖、塩　どれを取りすぎても老化が加速

伊藤 裕（いとう・ひろし）

慶應義塾大学医学部腎臓内分泌代謝内科教授。医学博士。専門は内分泌学、高血圧、糖尿病、抗加齢医学。京都大学医学部卒業、同大学院医学研究科博士課程修了。米ハーバード大学および米スタンフォード大学医学部博士研究員、京都大学大学院医学研究科助教授などを経て現職。国際高血圧学会副理事長、日本肥満学会理事。近著に『いい肥満、悪い肥満』（祥伝社新書）がある。

Section 4　歯周病が健康寿命を縮める　糖尿病や認知症にも悪影響
Section 5　寿命を縮める口腔機能低下　若々しく生きるケア法とは

天野 敦雄（あまの・あつお）

大阪大学大学院歯学研究科予防歯科学教室教授。大阪大学歯学部卒業。同大予防歯科学助手、米ニューヨーク州立大学歯学博士研究員などを経て、2000年から現職。歯周病菌の分子機構の解明や歯周病菌阻害剤、近未来の口腔ケア用品のためのインテリジェントマテリアル（次世代技術素材）などの開発に取り組む。個々の遺伝子と生活習慣の違いから将来の発病を予測する予測歯科による口腔疾患予防を目指す。

エピローグ（「あとがき」に代えて）

これまでの健康食品はその言葉の示す通り、生活者に健康を提供することを商品価値としてきました。しかし、時代の大きな転換の中で、生活者は心身の健康維持の先にある自分らしい生き方、暮らし方であるウェルビーイングを求めるようになってきました。

もちろんウェルビーイングの達成のためには心身の健康は欠かせません。

一方で、ウェルビーイングの実現においては食事のおいしさ、楽しさも重要な意味をもちます。Ｃｈａｐｔｅｒ１で紹介したフルーツグラノーラの研究ではこれまでトレードオフとされてきたおいしさと健康が、実はウェルビーイングという観点からはむしろ関連性が高いことが示されました。これは健康とおいしさの両立というテーマに長年悩まされてきた食品メーカーにとっては、事業戦略、商品開発のあり方の大きな転換のきっかけになるのではないかと私は考えています。

ウェルビーイングの重要な観点の１つが「多様性」です。一人ひとりの多様性という側面もありますが、1人の人間においてもそれぞれの生きる瞬間、モーメントは多様です。

例えば、健康診断で中性脂肪、血糖値などのメタボ関連の数値が上がっていたタイミングでは、おいしさという食の楽しみを多少犠牲にしてでも脂質、糖質を抑えた食生活をすることが必要です。そのようなときは、大好きな脂肪分と砂糖たっぷりのプレミアムデザートの代わりに、カロリーオフのヘルシーデザートを選ぶ人も少なくないでしょう。

しかし、仕事で本当に心身が疲れ果てたときには、高カロリーのおいしいプレミアムデザートを食べてオキシトシンを出すこともウェルビーイングのためには必要だと思います。そして、一定期間の食事制限の結果、メタボ数値が改善されれば、また以前のようにプレミアムデザートを気兼ねなく食べることもできるようになるでしょう。ただし、そんな経験をすると、デザートを買うとき、2回に1回はカロリーオフタイプを選ぶようになるかもしれません。

このように、人は生きていく中でおいしさと健康を両立させながら、食をマネージメントしているのです。


そしておいしいという価値も「心の健康」にはとても有益です。

だからこそ、身体的な健康という側面だけで食を考えるのは現実的ではないのです。

人々が本当に求めているのは、若々しく自分らしく魅力的に生きられる状態になることであり、それを維持することです。それはまさにウェルビーイングな状態を維持することにほかなりません。

そのニーズに応えるために健康食品という分野において私たちにできるのは、部位ごとの症状への直接的なケアだけではなく、全身的なアプローチを行うこと、そしてあらゆる疾患の根本原因となるストレスダメージを減らし細胞の正常な代謝をサポートすること、自己治癒力を高めることです。おいしさを犠牲にした食は、ストレスの原因にもなります。そしてそれによって生じるコルチゾールなどのストレスホルモンは、細胞の劣化を促進します。

これまで未病ケアのキーとなるのが細胞の劣化、老化の抑制だとお話ししてきましたが、そのアプローチとして紹介したホメオスタシスの維持向上と最新のライフサイエンスによる細胞再活性化に加え、最近注目を集めているのが栄養のバランスを整えるという基本的なケアです。

スーパーやコンビニで売られている商品や外食メニューを見ると、その傾向がよくわかります。例えば、1日に必要な野菜の3分の1が取れる、たんぱく質高含有、といった特定の栄養素を補える商品や、糖質オフ、カロリーオフ、減塩、といった現代食では過剰になりがちな栄養素を控えた商品など、「栄養バランス」を整えることをサポートする商品は数多く存在します。しかし、そのような食品が数多くあるにもかかわらず、日本人全体の栄養摂取状況は戦後からほとんど改善されていません。

さまざまな栄養素がたくさん入っている野菜の摂取が必要なことはなんとなくわかっていながらも、なかなか十分な量を日々の食事で取れていないこともよく聞きます。近頃では野菜ジュースや青汁、スムージーで摂取しようといった意識はある程度広まってきていますが、ビタミン群、ミネラルなど、それぞれの栄養素の深い知識まではあまり理解されていません。その人の体の状態によって必要な栄養は異なり、特定の栄養素が著しく不足していたり、過剰に摂りすぎていたりする「偏り」は多くの人に起こっている課題で、「新型栄養失調」として最近問題視されてきています。

栄養の偏った状態を解決しないままでいると、細胞レベルで正常な体の状態が保てないことが問題の本質です。カロリー摂取が過剰だとオートファジーが働かない一方で、十分な栄養摂取ができていないと、体の正常な活動に必要なエネルギーが供給されません。そうなると、体のどこかに不具合が起こりやすくなります。

一方で、好きなもの、食べたいものを、毎日普通に食べていても、若々しくいつまでも元気で健康に長生きしている人が数多く居住する特別な地域があります。沖縄県（日本）、イカリア島（ギリシャ）、ロマリンダ（米カリフォルニア州）などの〝ブルーゾーン〟と呼ばれる地域には、90歳はもちろん……１００歳を超える人が多く暮らしています。

ブルーゾーンの一角として、スローライフを実践しながら生きがいや社会とのつながりをもち、豊かな食生活を送ってきた沖縄をはじめ、実は、日本の各地域では世界的に見ても健康的な食生活が展開されてきました。

なかでも１９７５年ごろの日本の食事は、内臓脂肪の蓄積や、加齢に伴う脂質代謝調節機能低下を抑制し、老化遅延へのメリットが高かったといわれています。

この食事の傾向が現代でも継続され長寿日本一宣言をしている沖縄の大宜味村（おおぎみそん）では、人口約３５００人の３分の1を65歳以上の高齢者が占め、うち１００歳以上が11人となっています。また京都府の京丹後市は、１００歳以上の割合が全国平均の３倍で、単に寿命が長いというだけでなく、健康で自立した生活を送る「健康長寿」を実現している人が多いのが特徴です。

健康長寿エリアの「食事」には共通したファクトがあります。それは一言で言うと、過剰も不足もない（偏りがない）栄養バランスが実現されているということです。地中海食を日常的に取っているスペインが２０４０年までに長寿国世界一になる見通しだと英医学誌『ランセット』が発表したことで、改めてその健康効果が注目されています。

長寿地域の食事に共通する要素は以下です。

・「揚げる」「炒める」が控えめ
・だしや発酵系調味料（ハーブやオイル）を活用し、食塩や砂糖の使用量が控えめ
・畜産物由来以外のたんぱく質も多い
・大豆製品が多い（植物性たんぱく質）
・食物繊維が豊富な大麦／玄米が多い
・さまざまな食材を少しずつ取り、結果として野菜／果実類の摂取も多い
・植物性食品（精製されていない穀物を含む）を中心として、ビタミン、ミネラルなどの栄養素やたんぱく質を多品種の食材から自然に摂っている
・卵、乳、肉は適度に摂取。牛や豚、鶏などの赤身肉類は控えめ（※沖縄食のみ豚肉の摂取量は多い）

これらの地域に共通するのはいわゆるＰＦＣ（Protein＝たんぱく質、Fat＝脂質、Carbohydrate＝炭水化物）の量だけではなく、その質のバランスに加えて、ビタミン、ミネラルなど多様な栄養素も含めて偏りがないことです。

ブルーゾーンではいわゆる健康食品、サプリメントのような商品はおそらく一般的には

摂取されていないと思われます。それが意味することは、この本の中で繰り返し述べてきたように、健康食品により特定の健康課題に対処するよりも先に、おいしくて栄養バランスのいい食事を取り未病ケアをすることが健康維持のためには重要で、それが実行されている地域での長寿というファクトが最大のエビデンスであるということです。「病気・疾患」のリスクにつながる何らかの課題が生じる要因の多くは、食習慣にあることが多くの研究によってわかっています。

健康のために、とりあえず「これだけ食べておけば大丈夫」ということで最近注目されている完全食や、栄養バランスのことをあれこれ考えなくても、日々の食事をＡＩが推奨してくれる栄養摂取のパーソナライズソリューションの検討も進んでいますが、生活者が今求めているのは「完全な栄養バランス食品」という商品ではないでしょう。もちろん、そういった商品があることも重要ですが、健康に良い食品だけを食べ続けようというのは現実的には不可能です。生活者が本当に求めていることは、好きなものを食べていても、結果として「健康的（完全な栄養バランス）な食事である」と信じられることです。

例えば、「これを飲めば痩せる」というような高い期待値を与える商品が以前ほど売れなくなっている一方で、「脂肪と糖にＷで働く」というヘルスクレームの商品は、痩せるというダイレクトな健康効果をコミットメントしているわけではないのに継続的に売れているという事実があります。

この2つのコンセプトの違いは何なのでしょうか。前者はこの商品さえ飲んでいれば痩せるという危うい事前期待を生活者に抱かせてしまう可能性があり、結果、短期間ではそう簡単に痩せないという現実が生活者の失望を招いてしまいがちです。

後者の製品の生活者にとってのリアルな価値とは、「脂肪と糖にWで働く」ことそのものではなく、その商品があることで、ランチに脂っこいフライドチキンや食後のデザートを我慢しなくていいと思えることです。それはつまり食事の選択肢が広がるということなのです。

これからの食と健康を考えるうえでキーとなるのは、これまでの商品起点の「食品×ヘルスケア」というアプローチから、おいしさも含めたメニュー起点での「食事×ウェルビーイング」という視点へのシフトです。

心身の健康機能の維持改善にフォーカスした機能性表示食品の商品市場が飽和しつつある中、冷凍のヘルシーミールキットや外食、コンビニでの健康メニューのバリエーションは増え続けています。健康とおいしさの両立、ナチュラル、オーガニックといったサステナブルの潮流も含めたウェルビーイングコンセプトが、今後の食と健康のビジネスの主流になるのは間違いありません。この新しい市場においては、健康食品という従来の商品起点の概念とは違う食のトータルソリューションを提供するさまざまなビジネスモデルが今後登場し、変化、進化しながら成長していくでしょう。

ヘルス、ウェルネスからウェルビーイングへの流れが加速する中で、「今までとは違う新しい形のヘルスケアフードとは何か」が今問われています。

本書の編著におきましては、さまざまな分野の専門家や関係者の皆さまの知見をお借りしました。本当にありがとうございます。

また、本書の執筆に協力いただいた青木健さん、鞠子千恵さん、ほかインテグレートのメンバーの厚いサポートに感謝いたします。

食と健康に関わる市場は大きな転換期を迎えています。それは決してマイナスの意味ではなく、大きな可能性を秘めています。人生１００年時代といわれる今、心と身体の健康はその基盤としてますます重要になっていきます。

この新しい機運に乗じて、人々がより長く健康でいきいきと暮らしていける世の中を、皆さまと一緒につくっていければと思っています。

２０２３年４月

株式会社インテグレート　代表取締役ＣＥＯ　藤田康人

編著者略歴

藤田 康人（ふじた やすと）

株式会社インテグレート　代表取締役 CEO

慶應義塾大学を卒業後、味の素株式会社に入社。

1992年、ザイロフィンファーイースト社（現・ダニスコジャパン）を、フィンランド人の社長と2人で設立。97年にキシリトールを日本に初めて導入し、素材メーカーの立場からキシリトールブームを仕掛けた。この結果、ガムを中心とするキシリトール製品市場はゼロから2000億円規模へと成長。

2007年5月、広く日本企業のヘルスケアやウェルビーイングのマーケティングに寄与すべくマーケティングエージェンシー「株式会社インテグレート」を設立、代表取締役 CEO に就任。

著書に、『ヒットを育てる！ 食品の機能性マーケティング』（共著、日経 BP)、『カスタマーセントリック思考』（共著、宣伝会議)、『THE REAL MARKETING――売れ続ける仕組みの本質』（宣伝会議)、『99.9%成功するしかけ――キシリトールブームを生み出したすごいビジネスモデル』（かんき出版)、『ウェルビーイングビジネスの教科書』（共著、アスコム）などがある。

ウェルビーイングで変わる！
食と健康のマーケティング

2023年4月19日　1版1刷

編著者　藤田 康人

発行者　國分正哉
発　行　株式会社日経BP
日本経済新聞出版
発　売　株式会社日経BPマーケティング
〒105-8308　東京都港区虎ノ門4-3-12
ブックデザイン　二ノ宮　匡（ニクスインク）
印刷・製本　中央精版印刷株式会社

本書籍に関するお問い合わせ、ご連絡は下記にて承ります。
https://nkbp.jp/booksQA

ISBN978-4-296-11736-9　Printed in Japan